怎么说掏心窝子话
团队才肯卖力干

斯坦福大学的15堂领导力沟通课

尚文◎著

中国文联出版社
http://www.clapnet.cn

图书在版编目（CIP）数据

怎么说掏心窝子话，团队才肯卖力干：斯坦福大学
的15堂领导力沟通课 / 尚文著. –北京：中国文联出
版社，2019.4

ISBN 978-7-5190-4201-1

Ⅰ.①怎… Ⅱ.①尚… Ⅲ.①领导学—人际关系学

Ⅳ.①C933.2

中国版本图书馆CIP数据核字(2019)第026213号

怎么说掏心窝子话，团队才肯卖力干：斯坦福大学的15堂领导力沟通课

著　　者：尚　文	
出 版 人：朱　庆	
终 审 人：朱彦玲	复 审 人：郭　锋
责任编辑：刘　旭	责任校对：石胜利
封面设计：末末书装	责任印制：陈　晨

出版发行：中国文联出版社

地　　址：北京市朝阳区农展馆南里10号，100125

电　　话：010-85923051（咨询）85923000（编务）85923020（邮购）

传　　真：010-85923000（总编室），010-85923020（发行部）

网　　址：http://www.clapnet.cn　　http://www.claplus.cn

E－mail：clap@clapnet.cn　　liux@clapnet.cn

印　　刷：天津中印联印务有限公司

装　　订：天津中印联印务有限公司

法律顾问：北京市德鸿律师事务所王振勇律师

本书如有破损、缺页、装订错误，请与本社联系调换

开　　本：710×1000	1/16
字　　数：260千字	印　张：15.5
版　　次：2019年4月第1版	印　次：2019年4月第1次印刷
书　　号：ISBN 978-7-5190-4201-1	
定　　价：48.00元	

不会沟通，就别说自己懂管理

以前我遇到过这样一位员工。他平常为人处世都不错，非常遵守公司的制度。但是，每当我就一些工作的细节问题和他沟通时，如果我们产生不一致的观点，他往往会说："我不想跟您说。"每次听到这句话，我都会很惊讶。管理者在遇到这种情况时，采取的办法都是首先听取员工的想法，然后再与员工进行讨论。但重要的是员工一定要愿意说出他的观点。

有时候，员工就是不想跟你谈。那么，是什么地方出了问题呢？如果员工觉得和领导的沟通不舒适，我能不能找到更好的办法呢？

后来，我决定改变一下做法。有一次，趁他去休息室时，我制造了一次偶遇，和他一起喝了五分钟的咖啡。借这个机会，我改变了一下沟通的氛围，对他这样说：

"你让我想起了十几年前自己的第一份工作。那个时候，我每天兢兢业业地从早上忙到很晚。但是，就像现在的你一样，我很不喜欢跟上司交流工作，特别是那些烦琐的细节。为什么呢？因为我有自己的做事方法。虽然我的方式与公司要求不太一致，但是同样能将事情做好，而且效果看起来比公司的要求还要棒！我为何要对上司交代自己是怎么想的呢？我不想被公司干预太多。抱着这种心理，我很少跟上司沟通。而且，我也一直认为，这么做是没有问题的。"

他问我："后来呢？"

"后来，上司就不再找我沟通了。我爱怎么做，就怎么做，我行我素，按自

< 1 >

己的思路做事。但是有一天，我突然发现自己变得与部门同事格格不入，在很多方面都无法保持一致。我与团队脱节了。这时，我才明白，原来上司要找我谈的事情，并不属于我可以自由处置的范畴，而是与团队工作息息相关的。那些小事并不简单，它对我、对公司都很重要。"

这次沟通以后，他与同事、上司的交流积极主动了很多，再也没有表现出抗拒沟通的心理。事实上，我在斯坦福大学教授管理学期间，就已经针对这个问题阐述过自己的观点。

第一，管理不仅是规划、预算和决策，还是人与人的情感沟通。

第二，"领导力沟通"的本质并不是说服与操控，而是塑造管理者的"沟通能力"。

第三，通过创造非正式的沟通环境，管理者可以得到比正式谈话更好的效果。

我的建议是，如果管理者能够从斯坦福大学的领导力沟通课程中学习一些有效的做法，团队的表现一定会因此出现巨大的改善。斯坦福领导力沟通课程的目标是帮助管理者灵活地理解"人"在团队中的不同"形变"和所担负的不同"角色"，在正确的时间、场合与"对的人"进行有效的沟通，达到管理的目的。

根据斯坦福大学的研究，欧美国家 70% 的企业管理者都是外向型。具体表现在，他们都是主动沟通的高手，懂得在不同的管理语境中与下属进行双向交流。他们的自我觉察能力很好，同时对员工的观察和心理的把握也十分到位。因此，他们在正式、非正式的谈话中都能游刃有余地达到目的。

管理者不会沟通，往往很难经营好与团队成员的关系。大多数管理者在面对高风险、情绪化的问题，处理和下属观点不一致的情况时，往往习惯性地采取一种"最简单"的做法——公司的等级制度决定了他们可以用权力压服员工。他们以权压人，运用命令式的"驱使策略"——现实中 90% 以上的工作沟通实质上都是"驱使"。但是，聪明的管理者则愿意在适当的时刻调整身份，在任何场合都能坐下来与员工沟通，在灵活的交流中了解下属的想法，既圆满地解决问题，又不用惩罚他们。这种双向沟通策略对管理的影响巨大，是正式而严肃的谈话所不能比拟的。

管理就是沟通和做决定

在过去的几十年里，人们一直在讨论"优秀管理者"的标准。一名好的团队

< 2 >

主管应该具备的素质都有哪些呢？世界各地的专家学者和企业家都有自己的见解：领导力、情商、业务能力、个人魅力……不管哪一种特质，管理者要有鲜明的风格。而在我看来，上述特质的基础都是优秀的沟通能力。一个懂得和下属交流、擅长用沟通解决问题的管理者，才是一支团队梦寐以求的好领导。

所谓管理，其实就是沟通和做决定。优秀管理者善于将复杂的事情用简单的几句话说明白，从和员工的沟通中发现问题，解决问题，做出正确的决策。所以他们既是深受员工欢迎的沟通对象，也是能够精确地驾驭团队发展方向的出色领导者。

正确的沟通是一门卓越的管理技术

对一名团队主管来说，沟通具有与众不同的意义。确切地说，正确的沟通是一门不可或缺、卓越的管理技术，而不是凭借管理者的特殊身份"和下属随便谈谈"那么简单。过去的十年间，斯坦福大学的领导力沟通课程一直致力于提高管理者在沟通层面的 15 种能力，帮助企业领导者达到目的。这每一种能力都代表着管理学中的一个关键词。

1. 理由（Why）：你必须知道自己的管理出现了哪些"沟通问题"。

2. 语言（Language）：力求简单、清晰和准确地表达。

3. 提问（Questions）：提出一个好的问题，才有一次有效沟通。

4. 目的（Purpose）：和下属的沟通必须有针对性，才能达到我们的目的。

5. 交换（Exchange）：牛顿第三定律告诉我们，想要达到目的，你总得留下点儿什么！

6. 鼓动（Agitate）：只靠画饼，人们是不想跟你谈的。

7. 共情（Empathy）：做一个与员工"心有戚戚焉"的老板。

8. 协调（Coordinate）：用沟通化解团队的对抗情绪，提高执行力。

9. 凝聚（Condensation）：凝聚士气，加强团队的信任关系。

10. 真诚（Sincerity）：没有真诚的态度，沟通就不会有好的效果。

11. 变通（Adaptations）：采取灵活的沟通方式。

12. 仲裁（Mediation）：调解团队的矛盾。

13. 辅助（Assist）：运用语言之外的沟通工具。

14. 特殊（Special）：成功地应对随时可能发生的特殊情况。

15. 互动（Interaction）：沟通的最高境界，是双方能够主动展开有益的讨论和

交流。

在领导力沟通课程中，每一个关键词的领悟对于管理者来说都很重要。我们不仅要变得专业和懂行，还要能说到点子上，可以帮助与辅导员工检讨他有没有做得不够好的地方——同时检省自身，进而加强双方工作中的信任关系，并利用这种信任关系从员工那里获得充足的信息，以此来完善自己的决策。

如果说今天的管理与过去有什么不同的话，那么唯一的不同是我越来越确信**"沟通是一门管理技术"**这一论断的正确性。各种证据都表明，当企业的各级主管努力通过正式或非正式的渠道创建了沟通文化之后，团队运转将会变得更加高效，员工更加忠诚，管理制度也将会更加规范。更重要的是上司和下属的关系更加紧密无间。毫无疑问，对管理者而言，提高自己的沟通能力确实已经成为一个迫在眉睫的重要课题。

本书的宗旨

本书完全是根据深受领导力沟通课程影响的企业领导者、基层员工和读者提供的众多案例以及斯坦福大学积累了 20 年的精确的研究数据为基础撰写的。尽管我们无法全方位地涵盖世界各地的企业管理和沟通现状，但不可否认的是，书中这些发生在中国企业中的真实案例的确要比那些模糊统计的数字更有说服力。

比如，有一位北京的企业管理者运用领导力沟通课的沟通技巧与下属建立了非同一般的良好关系，拯救了一个濒临散伙的创业团队。有一位营销经理通过和工作态度消极的副手展开对话，成功地挽回了一名人才。还有一位刚升任部门经理的初学者利用领导力沟通课的沟通技巧成功地打开了局面。

本书希望这些原则、技巧和案例可以与更多的读者共享，能够产生巨大的积极效应，让每一名管理者和员工同时感受到正确互动可以获得的成就感与价值感。书中基于我们 20 年来对全球数万名管理者与企业雇员的跟踪调查、事件分析，找出了人们在工作语境中对话的特征和行为的特点，层层剖析，归纳总结出一套行之有效的沟通方法，同时辅以丰富的对话情境，帮助读者迅速地理解这些原则，掌握这些沟通的技巧。这些原则与技巧合理、细致、实用，不论对于管理沟通还是家庭、生活中的对话，其实都很有帮助。

衷心地希望本书可以为读者带来美好的阅读体验，激发我们深刻的思考和有效的行动。

< 4 >

目 录

< 1 >

< 2 >

< 3 >

第
七
课

共情（Empathy）：
引发共鸣的正确方式

第
八
课

协调（Coordinate）：
用沟通把对抗变成合作

< 4 >

第九课

凝聚（Condensation）：
通过沟通构筑信任关系

第十课

真诚（Sincerity）：
没有真诚的态度，就沟通不出好效果

< 5 >

第十三课

辅助（Assist）:
除了语言，还要拥有其他工具

第十四课

特殊（Exception）:
处理异常情境，必须随机应变

第
十
五
课

互动（Interaction）：
沟通的最高境界，是双向的"积极交流"

< 8 >

第 一 课

理由（Why）:
回答六个"为什么"

◆在任何形式的沟通中，人们通常只能听到他们想听的，而不是他们需要听到的东西。这是因为人们"只愿意听到"自己想听的，屏蔽不想听的内容，而且通常会把难题掩藏起来，并且将其简化，在说出真实的观点前先做消毒处理，对上司或下属编一些假话。因此，越是双方都认为的"坦诚交流"，越是可能在走形式。

◆管理者的强势做派让员工不敢轻易地表达情感需求，比如假期、孕期、心理压力等，多数人选择默默地承受。久而久之，上下级之间形成了一种冷冰冰的商业关系，团队凝聚力靠利益维持。这种管理表面看似强大，内里却是脆弱的。

◆缺乏强大的信息抓取能力，是管理趋于失败的主因之一。你不清楚下属在想什么、做什么和已经做了什么，下属也读不懂你。

◆我们要思考的重点在于，应该如何有计划地与下属建立"有效沟通"，而不是依据制度机械地完成沟通的步骤。我们要在员工最需要以及管理最需要的第一时间进行针对性沟通，并让员工在沟通中感受到公平、公正和尊重，对症下药地推倒障碍，加强凝聚力。这不是仅依靠制度就能做到的，你需要拥有很多"制度之外"的技能。

01 为什么有些员工总是"很难搞"？

优信拍公司 CEO 戴琨曾经在一次演讲中分享团队管理的心得。他认为，对一支出色的团队来说，执行力是最重要的东西。管理者要花很多的精力来研究如何提升执行力。戴琨认为，现阶段公司广泛地运用绩效考核（KPI）制度，用绩效考核激发团队活力。但事实上 KPI 的效果是极为有限的。它强化了员工的被动性，弱化了员工的主动性，在一定程度上破坏了团队的凝聚力。

对管理者而言，这意味着员工的"对抗行为"增加了，和上司之间有了厚厚的一层心理隔阂。这是本书的第一个"Why"：**为什么有些员工在管理者眼中是不折不扣的抵抗分子，总是很难搞定？**有的老板对此很有感触：员工能力优秀，可是难以指挥，是团队中的刺头儿。比如，明明是一项对大家都好的政策，他却特

< 002 >

立独行，和上司唱对台戏，对待重要的工作消极怠工。对别人来说很容易接受的事情，到他那里就变得状况百出，让你十分头疼。还有的员工大错没有，小错不断，怨气冲天，喜欢越级投诉，或者不配合职位的调整，等等。

到底哪里出了问题？

就像戴琨所说，我们的管理者越来越依赖于一些特定制度的作用，而忽视了运用谈话去调动人的主观能动性。当上司和下属之间的联系仅仅是依靠 PPT 或写在纸上的生硬条文时，管理就成为一个沉闷而压抑的竞技场，没有人能在这种僵化的环境中产生持久的生长力。

坦诚交流就一定能解决问题吗？

我在斯坦福大学任教时，领导力沟通课程已经开展了三年。该课程经常邀请有管理经验的人来分享他们的沟通技巧。莱恩·凯勒是一家公司的CTO。他说："我愿意在办公室面对面地和员工谈，彼此坦诚交流，说心里想说的，听对方想要的。我觉得这样能防止99%的问题，团结大部分的下属。"但是，这么做并不能从根本上解决上面的难题，至少对一部分有对抗行为的员工是这样的。

凯勒是公司最高的技术决策者，但他往往要平衡市场、行政部门的想法，做出符合实际的决定。这就需要他花费精力来说服那些信奉技术决定论的部下。有一次，凯勒要求技术人员按照市场部门的要求更改开发程序，团队怨声载道，甚至有人采取了对抗行为。为了说服他们，凯勒和每个人谈心，从公司利益的角度告诉他们其他部门的想法。

他是一个坦诚的管理者，也想和下属交流，可结果却是效果十分有限。并不是人人都愿意理解公司的宗旨，为企业的利益考虑。项目还没完，就有人罢工——甚至有人暗中传言凯勒可能跳槽到另一家公司，以至于导致越来越多的员工不服从管束。这样的员工名副其实的"难搞"。他们往往是优秀的技术人才，并不缺少工作机会，所以对工作环境十分挑剔，甚至"心情不好"也会成为他们挟制上司的一种理由。

如何跟这样的员工沟通呢？

从理论上讲，在"老板—员工"的关系范畴中，正式沟通是至关重要的，例如部门会议、小组讨论、一对一谈话等。但存在的一个问题是——在任何形式的

< 003 >

正式沟通中，**人们通常只能听到他们想听的，而不是他们需要听到的东西。**这是因为人们"只愿意听到"自己想听的，屏蔽那些不想听、刺耳的内容，而且，通常会把难题掩藏起来，或者进行简化，在真实的观点说出口之前先做消毒和净化处理，然后，对上司或下属编一些假话。因此，越是双方都认为的"坦诚交流"，越是可能在走形式。

比如，凯勒和员工对于问题的实质都心知肚明。凯勒觉得员工不听话，很难搞；员工却觉得上司不能提供让自己顺心的环境，他不愿意违背自己的意愿和工作原则。这时，坦诚反而成了一种有害之举，双方都无法也不想满足对方的要求，传统的沟通策略遇到了阻碍。这就是一个迫切需要消除的"Why"。

消弭对抗，我们的沟通需要遵守"聚合力公式"：

> 坦诚的态度＋针对性的提问＋满足需求＝一次有聚合力的沟通

所以，本书并不提倡管理者在正式谈话中对员工表达自己的态度——严肃的谈话能够锁定问题，提示人们局面的严重性，却不能化解对抗行为。我们经常可以看到，一名员工向老板信誓旦旦地做了保证后，走出办公室却仍然我行我素，并没有真正地被说服。调查显示，我们的管理工作中有 72% 的谈话是没有意义的。管理者发现自己费尽口舌，却收不到预期的效果。

不是员工"不听话"，而是你不会说

必须提醒的是，并不是每一名员工都愿意为了高工资而对上司俯首帖耳。在领导力沟通课程中，"员工很难搞"传达的是一种负面反馈。而负面反馈对管理是一件好事，说明我们有些工作没有做到位，即使高收入也未能抚平员工的不满。员工看起来不听话，当你转过身时他便开始放飞自我，把你的话当成了耳旁风，但这不代表你的管理搞砸了，而是你没有说到他的心里去。你需要改变沟通的方式，要想一想应该怎么跟他谈，比如：

他最关心的是什么？——你没有说到重点。

他能够接受的沟通方式？——你没有正确地表达。

他喜欢的沟通语境？——你的语言太刻薄了。

就拿凯勒的"刺头下属"来说，他关心的是这种"市场部门干预开发人员"

< 004 >

的情况是否是一种常态？上司的要求是否"总是这样突如其来"，让他很被动？上司是否"真正重视了"他的需求？如果我们不能针对这些具体的问题进行沟通，员工是无法被你说服的。

针对性的沟通是一种有效的工具。如果你是一个不会在任何情景下都可以跟员工愉快地谈话的管理者，想带好团队显然是非常困难的。团队中的很多人不想听老板那些微妙的暗示和堂而皇之的套话，希望你可以清楚地传达意图。但他们也不需要你加重语气地说："我希望你这样做事！"这样只能增强员工的逆反心理。和员工谈话时，你必须告诉他们有待改进之处，但也要学会沟通的正确姿势。

是的，我们知道自己是管理者，握有对下属的"生杀大权"，员工当然应该听你的。但是，在现实环境中，管理者必须赢得员工的尊重。如果员工不理解为什么必须用你交代的方式做事，他们就可能"不听话"，成为你眼中的一个有沟通障碍的破坏分子。事实是他们很可能有更好的想法。因此，管理者只有反思自己的对话策略，才能消除彼此之间的误解。

02 为什么"情感反馈"会导致员工和你的关系紧张？

怎么给自己一个"亲近下属"的理由？

在强硬的领导者面前，员工不敢给予情感反馈，否则，后果难以预料。员工惧怕向上司坦陈工作以外的秘密。这是什么原因呢？京东副总裁杜爽向刘强东汇报自己怀孕时的那次沟通就是一个很典型的例子。

为了拍摄中央电视台的一个访谈节目，刘强东和各个部门的员工一起聚餐，了解大家的工作和生活状况，拉近上下级的距离。京东副总裁杜爽坐在刘强东的右边。大家喝了红酒后，她对老板说："我意外怀孕有四个多月了，但不会耽误工作的。"

杜爽并不是京东的普通员工，而是集团副总裁，是当年跟着刘强东创业的老员工之一，能力强，资历深，在京东位高权重。你以为老板听到后会对她温言抚慰，以示恩宠，那你就错了。刘强东的反应是："那你怎么休息啊？怀孕了就要休息，公司在待遇上不会亏待你。另外，你也要给兄弟们一些机会。"

< 005 >

虽然杜爽强调胎儿现在已经稳定，不影响工作，但听到刘强东的回答后，她的内心忐忑不安，十分紧张。因为刘强东没有对杜爽给予亲和的反馈，而是以老板的身份强调了一个残酷的事实——公司里面没有谁是不可或缺的，所有的职位都是给人才锻炼的平台。你如果有事就回家休息，但是，重要的岗位不能给你留着。几个月后，杜爽就选择了离职。

我在公开课讲到这个案例时，员工的反应比较统一："这种事对上司不要抱有幻想，一旦怀孕，准备好走人就可以。别盼着能好好沟通。"企业家的态度则有很大的差别，高盛集团纽约公司的副总裁杰米·金认为，老板不是铁石心肠。他们与下属进行情感反馈的前提是，他们需要一个"好理由"："我凭什么这么做？显然杜爽没有给她的老板提供这个理由。"杰米觉得**公众场合（访谈现场）是管理者和下属做情感沟通的禁区**。斯坦福大学的行政部门主管罗斯则表示，沟通是工具，不是目的，企业家要考虑衍生影响。因此，上司要选择私密场合给员工积极的情感反馈。

如何"柔性包装"自己的强势？

管理者的强势做派让员工不敢轻易地表达情感需求，比如假期、孕期、心理压力等，多数人选择默默地承受，自己将痛苦咽下去。久而久之，上下级间就形成了一种零度的商业关系，团队凝聚力靠利益维持。这种管理表面上看似强大，内里却是脆弱的。

"情感反馈"是损害上下级关系的魔鬼，还是一种不太容易处理，但又十分宝贵的沟通机制？得克萨斯州麦库姆斯商学院的管理学教授伊森·伯里认为，情感是隐形的聚合力，因为员工都有强烈的情感需求——他们在情感方面迫切地渴望得到上司的认可。当他们传达了一些情感信号时，也希望得到上司的积极反馈。比如安抚、认同、称赞、关怀和实际的支持，而不是冷冰冰的"公事公办"。

第一，有感情的沟通，是构建亲近关系的一条捷径。

第二，你可以不温柔，但是，说话一定要柔性。

第三，员工进行情感表达时，你一定要积极地反馈。

< 006 >

03　为什么员工会误解你的意思？

一般情况下，我们在进行语言表达时很容易出现删除、扭曲和一般化的现象，比如，脑子里想的和说的不一样，耳朵听到的和对方想的不一样，自己理解的和对方设想的不一样。这些现象非常普遍，以至于已经成为语言学的一个分支，专用来说明"人和人的沟通分歧是如何形成的"。

说话的删除——听到的不完整

当你遇到一个挫折时，你就会说："我很生气。"在表达的时候你删除了是什么事导致你觉得不爽。所以当员工听到你在办公室说"我很生气"时，他们以为出了大事，一整天都没有人找你汇报工作。这是"听到的不完整"造成的误解，根源是删除——你在表达时删除了在员工看来最重要的部分：生气的原因。如果你能补充完整，人们就能客观地看待"老板很生气"这件事。

说话的扭曲——互相误解

如果有人说："你对我有不好的企图。"他猜测，你想给他布置一项不容易完成的任务，你要整他。你可以问一下："发生了什么事让你觉得我要整你？"你不主动询问的话，他会一直这么认为下去。而且，你们的互相误解，会随着时间的推移越来越难以澄清。

大脑通常也是这样接收信息的。它的处理中心对信息有一个删除、扭曲和一般化的过程。它有自己的意志，会对听到的东西进行"再加工"。这很好玩儿，但在某些情境中就不那么有趣了。比如，你和丈夫在家看电视，你感叹今天的天气真好。他生气地说："你就是不想在家陪我！"他立刻联想到你要出去逛街。你以为他的耳朵出了问题，其实是他的大脑在作怪。不管最后谁能把事情说清楚，你们都可能大吵一架。

说话的一般化——表达不够精准

如果换一下角色，你的丈夫说："这个家里没人对我好。"他作的是整体性表达，是说话的一般化，类似于"公司没人对我好"这种抱怨。他表达的是事实

< 007 >

吗？不一定，对你来说"绝对不是事实"。你暴跳如雷，断掉他三个月的零花钱以示惩罚。不过，最好的办法是多问他一句："哪个地方、哪些人对你不好？请说清楚。"

表达的时候不完整 + 听到的不完整 = 双方加深误解

◆当对方删除你的话——主动补充

当人们没有达到身心一致，没有放下自己的思考仔细倾听时，他的注意力还锁定在自己思考的东西，大脑就把与思考无关的信息删掉了——尽管他的耳朵已经听到了你的话，但是会误解你的意思。下属会漏掉上司话里的很多东西，你也会删除员工的话，这就造成了误解。发现这个问题时，要主动补充信息，才能消除误解。

◆当对方扭曲你的话——主动说明

扭曲就是我们对外面的信息进行处理时，让这个信息变得符合自己的观点与角度。作为部门主管，你向老板汇报工作："有员工上周迟到了。"老板说："这个人怎么每天都迟到。"他上周来公司两次，都碰上了该员工迟到。这时，你要主动说明情况，因为他把你的信息扭曲并且一般化了。如果你不站出来说明，他就可能要求你解雇这名员工。

根深蒂固的主观印象

有研究显示，人类对于事情的理解只有 20% 源自于外界，余下的 80% 都来自于自己原有的信念和记忆。这说明倾听非常重要。但是，很多时候我们还没有听明白对方的用意，就很快下了一个结论。这个结论多数来自于主观印象。

为什么员工总是误会你的意思？现在事实很清楚了，当他们对你带有一些主观感受和意见时，往往你的话没说完，员工就在大脑中把你表达的意思理解、塑造成了符合他的印象和想象的观点。

例如，你曾经指出一个人工作中存在的问题，这件事就存放在他的记忆库里。下次开会时，你又提出了一个工作中可能发生的问题，想拿出来和他一起探讨怎样才能做得更好。但是，员工没有听你描述完这个问题，就已经觉得你是在指责和批评他了。接下来，不论你怎么说，他都认为你是意有所指，除非你及时

< 008 >

澄清。

如何破除"误解"？

第一，自己说话时，要将主要意思表达完整，确保对方没有漏听。

第二，听员工说话时，要等对方完全说完，可以询问他有没有要补充的东西。

第三，多和员工深入沟通，才能破除由主观印象造成的误解。消除人的主观印象无法一蹴而就。

04　为什么你一开口员工就没话说？

无论是"情感杀手"，还是"被误解狂人"，这两种类型的管理者在下属眼中都是必须敬而远之的。**人们愿意把你供起来，但不想跟你多说一句话。**我的朋友艾力克·希尔在伯克利有一家数据分析企业黑马数据公司，常年维持 25 到 30 名员工。人们说，做数据分析的人和码农一样是天真可爱的，比销售和金融从业者缺少城府，很好沟通。但艾力克每次到办公室讲话，员工的反应十分冷淡，私下的对话也常如此。他发现自己是不折不扣的沟通杀手。

在斯坦福大学的领导力沟通课堂上，艾力克这样形容自己："当我说'嗨'时，空气顿时紧张起来，十几双眼睛一起转向了别处。我不知道为什么，只知道那一刻我是个小丑。"他是最需要沟通训练的那种管理者，因为他很擅长用一两句话就把别人噎个半死。

"老板，我们有个麻烦。"（来自手下的求助）

"为什么有麻烦的总是你？"（艾力克的扭曲）

员工沉默。

"好吧，把搞不定的东西统统告诉我！"（艾力克的一般化）

也许这个员工真的万分糟糕，也许他除了向你抱怨之外，什么都干不好，但是，你也不能这么打击他。员工对你心存畏惧，他们不想和你对话。艾力克有时引用中国的名言为自己辩解："话不投机半句多，道不同不相为谋。"他觉得手下缺乏上进心，不懂得自省，只想老板像哄猫一样安抚他们。

< 009 >

你也用这两句话推卸责任吗？我会选择解雇说这种话的员工，也不会让有这种想法的主管升职。人们对你没有话说，表明你不想给他解释、深入和展开讨论的机会。无论根源是什么，这都是你的错。

你想过自己一出现便气氛冷淡的原因吗？

首先，要意识到自己的责任。平常的交流也好，严肃的工作沟通也罢，管理者对沟通氛围负有主要责任。其中一项就是你要让员工有积极交流的意愿。当你开口时，他们能饶有兴致地说下去。你一出现气氛便变得冷淡时，问题一定出在你身上。

思考一下，并解决下列问题：

你喜欢从员工的回答中"挑刺儿"？——别用找茬儿的思维去对话！

你是那种一说话就"噎死人"的领导？——别一开始就和员工针锋相对！

你用词过于严肃？——别把沟通搞得像法院开庭！

你习惯训斥下属？——别让员工有心理压力！

你是否非常在乎自己的身份？

其次，要舍得放下你自己的身份。和下属沟通也要投其所好，尤其注意平等对话，把身份、地位、权威等放到一边，让人敢于开口。有些企业家到哪儿都是一副高高在上的做派，亲和度很差。人们和他沟通的意愿也很弱。还有的人只是一个部门的小领导，管着六七个人，也是"官威十足"，处处摆架子。人们对这种上司是极为抗拒的。同居一室都不舒服，更不用说好好的沟通了。因此，善于沟通者一定平易近人。你越在乎身份，就越找不到真诚的沟通对象。

< 010 >

05　为什么你没有"工作汇报"之外的信息来源？

北京某公司的一名渠道主管罗先生工作十分辛苦。他上承接总公司，下管理分公司的一线经理，位置重要，事务繁多。他每天绝大部分的时间都花在了不断地向下收表和向上报表的事项上。他听取下属的工作汇报，然后，再向集团公司的顶头上司转报。这种向下和向上的沟通是他的日常工作，但问题也很大：

首先，原始信息在由下至上的层层传播过程中出现了严重失真，而且绝大多数的"工作汇报"是没有必要的，甚至可以说毫无价值。

其次，如果从第一次（张）工作汇报（表）就开始失真，信息源头就是错误的。比如，他要了解一线渠道的员工某月的促销计划和产品销量，下边报上来的数据大多数是假的。下属在电脑前编造假数据，他却没有其他信息来源渠道对此进行审查。数据是怎么来的？他对此一无所知。

除了"工作汇报"以外，罗先生的信息来源是封闭的。这两大问题让他远离了一线的实际情况，也在执行上偏离了最高管理层的意图。因此，他常常陷于信息失真的窘境。这既是管理的失败，也是其个人思考力的退化。从生物学的视角来看，他的神经末梢麻痹了。

第一，企业的决策、命令在传达给员工了解与执行的过程中会产生扭曲。

第二，在调查、了解员工的工作绩效时管理者会被假的数据轻易蒙骗。

第三，在与员工进行情感交流时管理者会遇到信任障碍。

这三个重要的管理问题，只有通过有效的沟通才能得以解决。

我们离"有效沟通"还差很远

在美国人力资源管理协会（SHRM）开展的一次关于"企业沟通效率"的调查中，数据显示超过93%的企业对内部的沟通效率感到不满，认为不能实现稳定的有效沟通。有26%的企业家反映，他们有时完全不了解下面发生了什么。还有32%的企业家说，一线的信息不能实时、全面、真实地反馈上来。就连IBM、微软、谷歌、通用电气这样的伟大公司也存在这一问题。

为什么有些企业家能使团队同心协力、共同奋斗，不断地取得惊人成就，另外一些企业家却常由于团队的平庸表现而忧心忡忡、功亏一篑？

< 011 >

为什么你坐在办公室时就像进入了一座禁闭的孤岛，决策这项工作变成了一种赌概率的行为？

缺乏强大的信息抓取能力，是管理趋于失败的主因之一。**你不清楚下属在想什么、做什么和已经做了什么，下属也读不懂你。只有通过有效沟通——精准地了解信息、针对性地聚合团队、做出正确决策——**才能切实地解决企业经营中的种种冲突和矛盾，维护团队目标的一致性，克服艰难险阻。

开放式交流

封闭式交流让我们的管理者主动切断了自己从其他渠道获取信息的可能性。什么是封闭式交流？体现在沟通的形式上，它是在一条设定好的"制度管道"内交换信息，比如以邮件、书面为主的工作汇报；体现在沟通的人员上，它被限定在了直接上级和直接下级之间，信息通过等级关系层层传递，失真严重。

这样一来，沟通渠道是唯一的，信息传递也是低效和不安全的。管理者很难以最快的速度获知"一手信息"。

沟通的开放性是什么？打个比方，我们在开会讨论问题的时候，与会者应当人人坦诚，敞开心扉，毫无保留地交换意见，如此才能做出正确的决定。假如某个人因为考虑到某些因素——不想忤逆领导的意志、掩饰自己的错误、夸大功绩等，在沟通时不敢表达自己真实的观点，反馈假信息，会后却对同事说："其实我有难言之隐，事实不是这样的。"把这种戴着假面具沟通的人踢出会议室，是开放式交流的第一步。

微软公司在内部沟通中一直推崇开放和坦诚。它要求公司所有成员无论任何场合均能自由、完整地表达观点，相反的意见一定要说出来，且直接传达给决策者（而非无决策权的顶头上司），供决策者及时了解情况，否则，公司可能错过良机。

例如，当互联网刚开始时，微软公司的许多高管不理解，也不赞成花太多宝贵的资源做这项技术，理由是"赚钱的前景比较悲观"。有几名开发人员不同意公司高管的看法，他们不断地提出自己的意见和建议，希望改变公司的战略决策。尽管这几名高管仍不赞成，但是支持下属"开放式交流"的权利。因此，开发人员的声音很快传到了最顶端——董事局主席比尔·盖茨的耳朵里。盖茨认真考虑后，改变了决定，彻底支持互联网的开发建设。这表明，一个开放的交流环

< 012 >

境有利于管理者收集"**最不寻常**"的信息，也有利于企业保持创新的活力。

用沟通提供更重要的"信息来源"

在美国谍战剧《国土安全》中，中情局王牌特工卡莉的敏锐判断给我留下了深刻的印象。她总是那个掌握了最多信息的人，也总是那个能够最终解决问题的人。她数次被同事误解为"疯子"，可事实证明，她是对的。为什么？除了她在情报领域的专业能力和超一流的直觉，还有她收集信息的能力。这使得她每次都能感知到真相。

◆对信息随时地跟进和无时无刻地思考，让她成为剧中的情报天才。

◆出色的沟通能力和宏大的沟通视野，遍布各个阶层的线人，让她拥有了掌握一手信息的渠道。

优秀情报人员拥有的是彻底的开放式交流能力，可以与任何一个人直接沟通，建立发散的线性交流模式。有时，这会造成激烈的辩论，甚至是争吵。但优点是总能迅速地发现问题，接触深层次的核心信息。有些企业家和部门主管离开工作汇报就变成了"睁眼瞎"。要改变这种处境，就必须进行开放式交流。你愿意走出去，信息才愿意走进来。

06　为什么制度解决不了"沟通问题"？

万全药业是北京的一家高科技制药公司。该公司的员工成分复杂，来自私企、国企和外企等不同的平台，文化、思维的差异性很大，具有极高的管理难度。为了更好地开展工作，该公司在沟通上下功夫，推崇简洁的人际关系，化繁为简，在员工和上司间实现点对点的一对一沟通，鼓励有建设性和不带敌意的争论——用以化解因为员工成分复杂所导致的派系之争。另外，公司高管每周要和1到2名中层以上主管谈一次话，了解情况，把握员工的思想动态。更为重要的是，该公司自部门主管以上的各级领导者在内部公开自己的邮箱，员工有建议、意见随时可以提，有不满的情绪也可以尽情地发泄。这么做的目的，是为了解决一切沟通问题。但是，这些方式在该企业的制度中大部分没有提到，是各级管理者根据具体情况所做出的灵活规定。

< 013 >

你以为制度可以解决所有问题？

现在有一种僵化的现象是，一些企业的管理人员天真地觉得书面的规章制度具有无所不能的约束力和解决问题的能力，包括沟通。制度有规定的，他们照本宣科，坚定地执行到底；制度没有规定的，他们充耳不闻，视若无睹。他们是彻头彻尾的教条主义者。管理者所信奉的"制度"真能铲平企业所有的不良问题吗？其实是不能的。

第一，制度是上层建筑，沟通是下层基础，两者缺一不可。

第二，制度负责设定工作的下限，沟通负责激发工作的上限，两者互相补充。

我们要思考的重点在于，应该如何有计划地与下属建立"有效沟通"，而不是依据制度机械地完成沟通的步骤。我们要在员工最需要以及管理最需要的时候进行第一时间的针对性沟通，并让员工在沟通中感受到公平、公正和尊重。管理者要以此对症下药，排除障碍，加强团队凝聚力。这不是仅依靠制度就能做到的，你需要拥有很多"制度之外"的技能。

制度外的"非正式沟通"正决定生死

如果你还缺一个最好的学习斯坦福领导力沟通课程的理由，那么我乐意做一些补充——我们很多管理者缺乏的不是沟通技巧，而是沟通的习惯和积极意识。我们进行了大量的管理技术训练，但对如何与员工沟通的重视力度是不够的，因此，需要补上这一课。特别是企业制度外"非正式沟通"的相关能力，学习这种能力是非常有必要的。一旦拥有"非正式沟通"能力，你就可以随时随地和下属对话，而不用在工作时间跑一趟办公室，或者十分低效地发出书面邮件。这种能力正在决定管理的生死。

有了充足的理由和动力，在不断的练习后，技巧就自然而然地生成了，你能感悟和塑造属于自己的沟通体系。当然，站在制度的角度，管理者还是要关注两个比较关键的问题：首先，怎样学会传达意图而不受到抵制，比如批评、关心、赞扬、调查、激励。其次，获得改善的技巧。因为如果不能得到员工关于改善的行动回应，那么，沟通就是白费口舌。沟通的目的是解决问题或让局面变得更好，永远不是其他。

< 014 >

◆ 怎样化解员工的对抗行为？

× 使用平等交流、权力压制等单一工具。

√ 坦诚的态度＋针对性的提问＋满足需求。

◆ 被员工误解时怎么办？

× 跟随主观感受，直接做出判断。

√ 沟通时进行多次互动，补充信息，避免意图被删除、扭曲和一般化。

◆ 如何获得更多的信息以帮助决策？

× 上下级之间频繁的工作汇报和数据传递。

√ 建立多元的信息渠道，从任何一点直接收集信息。

◆ "非正式沟通"和企业制度的关系？

× 制度可以解决大部分的沟通问题，"非正式沟通"只是补充。

√ 制度只能解决小部分的日常沟通，"非正式沟通"可以推动人和人的深度合作。

第二章

语言（Language）:
简单、清晰和准确地表达

◆说员工能听懂的话，用没有歧义的表达方式，讲清重点问题，提升效率，推动整个工作流程的优化。简单、清晰和准确的表达，既节省双方的时间，也能使管理者抽出更多时间去做"更重要"的事情。

◆在与上司交谈时，人们最反感上司的回答、用词总是模棱两可，存在多重理解，指向不明确。这让员工十分头疼。

◆要学会在什么场合说什么话，针对不同的场合准备相应的内容、用词，使用不同的表达风格。不看场合，随心所欲，想到什么就讲什么，这对管理者而言是不允许的。

◆同一个组织，不同的成员因为年龄、教育和文化背景的不同，对相同的语言也会产生不同的理解。另外，由于专业分工的不断深化，不同环节的员工都有自己的技术用语和"行话"，他们的沟通风格也是不一样的。

07 力求一步到位，不留尾巴

在沟通用语上，斯坦福领导力沟通课程提醒人们关注三个词：明确（Clear and definite）；重点（Emphasis）；到位（One step）。用没有歧义的语言讲清重点，并一步到位，追求沟通的最高效率。简而言之，不要讲废话。

比如，大公司的员工多，会议多，工作也很复杂，许多事情因一次交代不清楚，需要反复沟通。这是现实。管理者应该怎么做？如果每次布置的任务都出错，那么，必然会降低工作效率，影响业绩。这也意味着在沟通环节存在疏漏，不是你没说清楚，就是对方没听清楚。长此以往，团队沟通的质量"稳步下降"，企业就会出问题。

这要求管理者学习沟通的用词和表达的技巧——说员工能听懂的话，用没有歧义的表达方式，讲清重点问题，提升效率，推动整个工作流程的优化。做到简单、清晰和准确地表达，节省双方的时间，管理者也能抽出更多的时间去做"更重要"的事情。

< 018 >

第一，沟通时要明确目标

"目标"（Objective）是沟通用语中第一重要的因素。它是个敏感信息，员工对它十分关注。因此，在布置任务或发布命令的时候，我们首先需要明确地表达目标，说出你对员工的希望，告诉他们"应该做什么""必须完成的指标"和"实现的成果"。很多人交代工作时总是把注意点放在细枝末节上，忽略了目标是否已被员工充分地理解。这样就造成了一种尴尬的局面：你和员工都花费了很多时间，最终的结果却是不正确的。你说了很多，员工却不明白到底要干什么。所以要让他们真正清楚必须做到什么程度才是100%的完成，知道哪些方面应该做，哪些方面不能做、不用做，哪些是主要目标，哪些是次要目标。

第二，阐述时要锁定重点

比如，我派一个人去负责一个新建的部门，把他叫到办公室交代任务。新部门的琐事非常多，要想在短时间处理好所有问题几乎是不可能的。我要如何告诉他这个任务的内涵？抓住关键点很重要。我在开口前就要区分什么事情是重要并且紧急的，让他优先处理。那些次生事项则稍后再作交代或不用交代，由他自主发现和解决。在短短3分钟的时间内，我要围绕这项工作的重点和他交流，沟通好"主干问题"（Key problem）——问题的钥匙，这样才能够保证他在执行过程中不会出现方向性的偏离。这样也节省了双方的精力和时间。

第三，表达时要一步到位

史密森学会的企业信息调查员海修斯在一篇报告中形容今天的企业家："我不知道部分人是信奉了某种神秘主义流派的东西，还是生来便口齿不清，抑或是有知识表达障碍，总之，我不爱听他们讲话。你要花很长时间才能琢磨出他们的意图，那不过是经过刻意掩饰的其实很简单的道理。"在海修斯看来，**表达越简洁的企业家越成功**。这可以作为一条真理。因为他对比了数十万条数据，发现事实确实如此。

没人喜欢啰里啰嗦的上司。你一开口就是关键问题，不要幻想你可以一直说下去，而员工始终热情高涨。有一个商业用语叫One step，即"一步到位"。尤其是工作存有争议的时候，管理者要直截了当地说重点，并且不留尾巴地讲清楚你的意图，还要保证他们可以马上毫无歧义地理解。否则，你就会影响员工的心

< 019 >

态。心态往往能决定一件事情做得好还是坏。别说一半留一半，引发员工的猜疑，也不要使用含糊不清的语言。

08 让员工揣测你的意图，是好事还是坏事？

有话尽可能"直说"

我们在沟通课上讲到了很多国外的案例，诸如微软、谷歌、通用电气、英特尔和波音等优秀公司的内部沟通文化，同时，也列举了不少中国企业和中国人的沟通特点，像华为、中兴、阿里巴巴、腾讯等。东西方企业的沟通理念是有重大区别的，同时，人们对此存在一定的误解。例如，东方人觉得西方人说话太直了，不懂绕弯子，西方人则觉得东方人过于柔和，说话总是三分假、七分真，喜欢打谜语。事实并非如此，那些优秀企业的沟通文化和理念殊途同归，所追求的原则是一致的。

无论微软推崇的"开放式交流"，还是华为的"军事化管理"，对沟通者的要求都是"效率优先"。**效率是企业内部沟通的第一准则。**所以上下级、同事以及与客户的沟通都必须有话直说，节省时间，而不是刻意地斟酌词语，让对方揣测你的意图。虽然我们要"适时、适地、适人、适事"，而且"适当调节有话直说的程度"，但大原则是不变的。假如你是那个坐在办公室每天让下属猜谜语的老板，对管理绝不是一件好事。

第一，在涉及重大议题时奉行"中庸原则"，多半不会有好的结果。

第二，有话直说，是提升团队沟通效能的根本性原则。

你让员工猜，员工也会让你猜

我在国内看过一部电视剧，讲的是明代最高领导嘉靖皇帝和名臣海瑞的故事。嘉靖与海瑞是截然相反的两种表达方式，在各自的领地内也是两种风格迥异的上司——虽然一个是皇帝，另一个是县令。海瑞在历史上以直闻名，批评皇帝时毫不留情，有一说一。治下亦是如此，他对下属吏员安排政务或进行其他任何形式的沟通时，始终遵守一个"直"字，有什么说什么，交代得明明白白，没有歧义。与之相反，嘉靖则特别喜欢用诗句表达自己的要求，让大臣心惊胆战地去揣测，而不是告诉他们自己的真实想法。这是一种操纵心智的卑劣手段，目的是

< 020 >

让大臣畏惧他。那么，你对待下属也是这个想法吗？结果是，时间长了大家都不对你"讲实话"了。

领导力沟通课程所研究的都是人和人在工作中面对的普通问题，以及如何用沟通解决这些问题，实现团队的管理。和管理一样，这门学科没有任何的玄奥之处，它基于人性、心理、压力、情绪、个性、需求等生活中最为常见的元素。可是，很多人却偏偏喜欢将其变得玄奥，把简单的事件或平常的问题包装得隐晦难懂，说得非常拗口，以显示自己有水平。对员工来说，这是一种难熬的痛苦，而对企业则是一种伤害。

如果你是一个刻意隐藏自己的人——事实上你隐藏不住，员工会对你进行**"形象塑造"**，用揣测来塑造一个他们眼中的你——反而产生不可预测的不利后果。结果就是，坦诚直接的海瑞赢得了人们的尊敬，故作神秘的嘉靖皇帝并没有得到这么好的名声。

简简单单，实事求是

从语言的角度说，管理中的沟通问题是如此的简单明了：开口必然有结果，得到的要么是**建议（反馈）**，要么是**服务（行动力）**。沟通要简简单单，实事求是。我们想提高单位时间的利用率，就不能在用语上给员工设置"理解障碍"。

09 不要使用模棱两可的词汇

海修斯在报告中还提到，人们在与上司交谈时最反感的一种行为是，在对话或询问时，上司的回答、用词总是模棱两可，存在多重理解，指向不明确，让员工十分头疼。模棱两可的词汇对上司是有利的。他能甩掉糟糕的后果所带来的风险，万一有误，就能将过错归咎于员工。

"我并不是那个意思，是你想多了！"

"我让你'参照执行'，没有让你'必须执行'！"

"我说再等两天，并不是限定在两天，'等两天'不是确数，是概数！"

管理者的想法通常都是抽象的，解释意图时也常用抽象词语，这给下属的理解制造了麻烦。管理者只有尽可能规避这种行为，才能提升沟通的准确性，减少

< 021 >

下属的负担。你把一名得力干将叫到办公室，大体地讲了一个想法，然后，就让他把这个想法具象化。使用不确定词语安排任务时，往往说明这项任务正处于孵化阶段，各方面的指标还不明确，你需要下属充当一名探雷者。但下属和你想的不一样。他认为这是一个非常重要的环节，关乎他在公司的前程，所以他希望得到你的明确表态。比如，给多少资源（经费、人力协助等），给多少时间（最晚什么时候）。这恰恰是你的软肋，因为你也不知道。如此沟通的结果经常是，你担心他把事情搞砸了，他到处抱怨你没给他提供支持。

我认为，一位不合格的上司平时只做了三件事：

◆畅想未来。

◆让手下给出几种方案，自己做决定。

◆纠正方案。

乍看没有毛病，难道这不是管理人员的本职工作吗？不仅员工是这么理解的，那些学习管理的人也立志于此。但实际上管理者只做这些事情，还是远远不够，你还需要有一种"模糊状态"下的"指向能力"和语言层面的"引导能力"，去完全激发下属团队的"理解力"和"再确定能力"。这两种能力至少要体现在一两个阶段中。

很简单的一个建议是：**交代一件事情，不能让员工走出五米之外又想返回来找你确认某些细节。**你的用词必须达到一个基础效果，可以让员工有充足的自信在做出了阶段性的成果后回来跟你沟通并且确定工作的成效。很遗憾的是，多数企业家和部门主管在前面是达标的，员工走出去一般不会返回，后面却不及格。由于沟通不充分，员工理解起来有困难，主管人员总是需要不断地介入工作，否则，就会出现偏误。这不是员工对于任务的领悟力和执行力不够，而是你表达的含义模棱两可，存在多种解释。

我们在跟员工讲话时要少用专有名词、术语和那些"说了等于没说"的陈词滥调。

第一，表达意图要清晰，不能拐弯抹角。

第二，用词必须准确，不能产生歧义。

第三，开门见山，直奔主题。

这三项原则，不管沟通对象是谁，在团队中是什么地位，有什么性格，和你是什么关系，都是我们要坚持的。

< 022 >

10 每种场合，都有对应的表达技巧和内容

语言的另一个特点是"与场景的匹配性"。我们还要学会在什么场合说什么话，针对不同场合准备相应的内容、用词和表达风格。你不能不看场合随心所欲地想到什么就讲什么，比如，在部门会议上用词夸张，使用不礼貌的词汇，在非正式沟通时轻易许诺，用"肯定""绝对"这种轻率的用词。这都是劣质沟通的表现。优秀沟通者能在不同的场合轻松自如地变换表达技巧，完美地融入场景，实现理想的沟通效果。

正式场合怎么说？

正式场合一般是指会议、谈判、公共场合的工作沟通。在正式场合，管理者的言行举止需要严肃庄重，体现自己的身份。比如，在公司年会上发言，你的举手投足会被放在放大镜下仔细观察。你说的每一句话将被人们反复咀嚼，容不得半点儿错误。你要尽量注意说话的分寸，不要过度表露自身的观点，也不能夸夸而谈。我还建议，你必须培养出敏锐的直觉，通过观察周围的人、事、物，采取匹配的表达策略，与人们进行简洁、有力、到位的沟通。

非正式场合怎么说？

有数据显示，超过 86% 的管理沟通发生在非正式场合，上司和员工几乎每天都有机会进行非正式对话。你总会碰到这样的场面，即便你小心回避。比如，在电梯、餐厅、停车场、写字楼外、下班时间等，你面临的是与正式场合大有区别的情境。这时，风趣、随和、克制的用词和表达方式最受欢迎，也最有效果。

下属从心底畏惧上司，他在任何场合都尊重你。但不可否认的是，此时在非正式场合你再摆出一副严肃的面孔大谈工作是不明智的，虽然这并不妨碍你跟下属的交流。语言是我们的重要武器，依据场合变化选择恰当的语言，能让员工对你印象深刻。比如，用词幽默一点儿，或者主动参与他们的话题（员工扎堆聊天时）。这是塑造管理者形象的好机会。

< 023 >

如何应对竞争性沟通？

我在斯坦福领导力沟通课程中提到过一个场景——虽然少见，但需要"竞争性沟通"的场合。例如，当你处于团队谈判和营销环境中时，情况往往比较复杂。这是一个自我展示的时机，应该好好把握，但是，也容易言多必失和暴露弱点。并且，失败会削弱你在团队中的威望。因此，此时最考验你说话的技巧。

你必须放松：尽量放松，为交流创造一个良好的氛围，以期达到理想的沟通效果。选择令人轻松的语言，比如"今天空气清爽"，而不是"天气有点儿干燥"。两者对心理的暗示有天壤之别。

你需要抓住听众的心：谈笑风生，妙语连珠，或者幽默风趣，都是抓住人心的方法。要把竞争性沟通看作可以尽情挥洒的舞台，以此吸引对方的注意。

你不能过度展示：点到为止，不管不顾地过度展示固然能说个痛快，但经常让听者不爽。多使用引导、启发性的语言。

有时间限制时，如何表达？

有些场合因客观条件的限制，要求你在少说话的同时达到目的。像高管会议、部门例会、商业论坛等，说话必须短而精。为了抓住你的听众，请在谈论相关事宜时言简意赅，少用长句，少讲铺垫，以表达简单清楚为主。为了加强效果，也可辅以适当的肢体语言。

对沟通场合要有敏锐的感知和观察力。不同场合决定了不同的表达方式和内容。良性的沟通结果需要你对场景和自身表达风格的准确把握，展现语言的魅力，让人乐意敞开心扉和你深入交流。你要在每天的沟通中运用这项原则，正式和非正式沟通皆应如此。

11 对不同的人，采取不同的语言风格

接下来我们谈到"不同的人"。我对团队的理解是，团队是一部由形状各异、功能互补的零部件组装起来的机器。每个零部件都有它的个性，如同世界上没有两片完全相同的树叶。在同一个组织中，不同的成员具有不同的年龄、教育和文化

< 024 >

背景，这就使得他们对相同的语言会产生不同的理解。另外，**由于专业化分工正不断地深化，不同工作环节的员工有他们各自的技术用语和"行话"**。他们的沟通风格也是不一样的，但管理者往往注意不到或者不在乎这种差异，认为（强求）自己的语言风格其他人可以（必须）顺利地接受，结果就给沟通造成了麻烦。

语言不匹配，沟通有障碍

这里的"语言"范围很广，包括但不仅限于风俗习惯、方言、文化程度、专业特点、职位等对语言表达能力的影响，使员工产生了各式各样的沟通需求。如果和他们的特点、需求不匹配，沟通就会遇到障碍。

所以，管理者应该选择他们易于理解、接受的词汇，使信息更加清楚明确。比如，对文化程度不高、普通话不标准的一线基层员工，要选择通俗易懂的简单词汇，少用专业术语。在传达重要信息的时候，为了消除潜在的语言障碍，你可以先把信息书面通知员工，再当面交流，给他们一个提前理解和准备的缓冲区。

对不同的人，语言要有分寸

人们当然都喜欢和说话有分寸的人交谈对话，因为有分寸的人懂得如何说话才能让别人舒服，而不是一开口便"道不同不相为谋"，破坏氛围，搞得大家不欢而散。可以让人在不知不觉中高兴的人，总是能够得到大家的喜欢。管理者也是一样，你能够欣赏下属，根据下属的特点采取对应的语言风格，进行有分寸的沟通，下属也一定尊敬和拥戴你。这既是一种表达能力，也是做人的修养，是管理品格的一部分。

语速也是一个重要问题

面对不同的沟通对象，我们的语言风格是不一样的。对某些人应该幽默，另一些人应该严肃，还有些人应该委婉含蓄或者简单直接。正如前面所说，不同的年龄、不同的文化程度、不同职业和专业的人对语言理解的能力是有区别的，对语速也有各自的要求。比如，年龄较大的人听力差，反应速度慢，记忆力不好，他们虽然经验丰富，但听觉和识辨能力赶不上年轻员工；从事技术门槛较高工作的人，由于工作不容马虎，不可以犯一点儿错误，往往需要一边听一边思考。和这些人的沟通就要放慢语速，不能一味求快。

< 025 >

12 什么时候应该使用"刺激性语言"？

工作中，有些人会犯一些低级的错误。这让你十分生气，很想把他叫到办公室大骂一通——多数时候你肯定这么做了，但训斥的效果并不好。安德鲁是一位坏脾气和喜欢骂人的老板。他在洛杉矶有一个分公司。这个分公司有六个人，每个人都被他用夸张的语言骂过，分公司负责人和副主管也不例外。人们害怕他，但不尊敬他。"坏老板"通常就是这种待遇。

这是因为：

安德鲁骂人不分场合，从不给下属面子；

即使向来十分听话和极为服从的员工也常被连累；

他常使用过分的词语，甚至各种不堪入耳的脏话。

这些不良用语对某些特定的人有效，但是，对另一些人却无效。我从不反对管理者在沟通时"适当说脏话"，但要严格限定场合和因人、因事而宜。作为上司，不能用刺激性的语言训斥公司的乖宝宝，也不能用于公共场合的沟通。哪怕对方做得确实过分，你也要克制自己的怒火中烧，选择合适的时机开口。

"刺激性语言"一旦错用，小则使人不适，大则毁掉人们对你的尊重。这是极为可能的，也是时常发生的。不过，很多时候我们并不能意识到这个问题，因为语言习惯是无意识的。我建议，你在自己的沟通计划上添记两笔备注，将这个习惯分别指向两类人，然后养成一个新习惯。

对以自我为中心的人——打醒自我中心主义者

第一类是在团队中有绝对的权威和权力的人，他的影响力仅次于你，但高于大部分员工。作为团队的主管之一，他们的地位高高在上，影响力也很大，难免会造成其独断专行的风格，在做事或商讨时常以自我为中心，偏执而顽固（有时是假象），不容易被说服。他们犯下错误时，也不容易认错和改正。对于这类人，你非常有必要给予高强度的语言刺激，而不是温和地劝说和纵容。

第一，刺激性语言是一种"恰如其分的威胁"。用语言威胁的方式激励，比单纯的语言激励更有效。

第二，训斥和批评的基础是有理有据，告之对方为团队带来的损失。

第三，意图是让他有所顾忌，而且同意你的立场或服从管理。

< 026 >

对与你利益相关的人——驱动利益主义者

大多数情况下，人们之间有着种种的利益牵扯，社会利益和公司利益是并存的。人是社会化动物，也是利益性动物。用利益和员工沟通时，就不能只谈利，不谈害。"利害"二字是绑在一起的，任何时候都不可分割。所以，对于和你利益相关的下属，也可以适当地使用刺激性的语言。

比如：

"你这么干，是准备把年终奖捐献出去吗？"

"我从没见过你这么蠢的部下，能赚大钱的项目都搞不好。"

"再提交不了方案，下月的晋升考核你就出局了！"

不要担心他承受不住。这能让对方明白，服从和执行你的思路对他是最有利的，不服从和拒绝执行则是大为有害的。

重点：不要制造对立

使用刺激性语言的重点在于：目的不是制造上下级对立的局面，而是借这种激烈的沟通方式让对方清醒地意识到自己犯下的错误和应采取的措施，对后果产生恐惧，快速实现说服对方的目标。一般来说，如果对方正处于火头上，这种语言的效果不大，甚至还可能产生反作用——他把怒火转移到了你这个"不通情达理的上司"身上，搞不好还会和你大战一场，结果就是双方都下不来台。但是，如果对方恰恰是因为自己的失误而处于一个麻烦（羞愧和内疚）之中，就极有可能重视和你的谈话，采纳你提出的建议。

语言的刺激程度也很重要。刺激缺乏火候，就无法使对方产生压力，左耳进右耳出，说了等于白说。刺激过重，就成了恐吓和辱骂，甚至会给你自己带来麻烦（他可能向更高一级的领导投诉你）。要既不客气，又恰到好处地刺激性沟通，并且只把"刺激性语言"作为一种沟通手段使用，而不是将此当成目的——训斥他是为了解决问题，并非为了羞辱他。能够说出实实在在的道理，刺激性语言才能起到正面的作用。

< 027 >

13 斯坦福公开课推荐的 6 种 "沟通用语"

第一，共情语言（Empathy language）

共情就是关心员工的生活，注重对方的内心感受，以了解他们的真实需求，然后，有条件地满足他们。只有如此，才能展开针对性的沟通，打动对方，达成共识。这要求我们体会员工的所思所想，思考和倾听他们的苦衷，在语言上也要主动询问，多次询问。每次沟通前，先说一句："你是怎么想的？"将会产生十分积极的作用。

第二，真诚语言（Sincere language）

真诚在语言上是怎么体现的？首先是坦诚，有话直说，不回避和掩饰问题，不欺骗下属；其次是懂得感谢员工，愿意和他们交心。真诚就是多说一些实在的真话，少说那些应景和敷衍的套话。真诚的用语，可以赢得员工的信任。

第三，赞美语言（Laudatory language）

人类是善于赞美的动物，但你知道如何有效地赞美下属吗？原则是真诚，而非虚伪的赞美，并且有节制地表达到位，才会起到好的作用。用能够精确量化、可查证的语言去赞美员工明确可见的优点和成绩。比如："上个月你为公司拿下了 25 个订单，创收 300 万元，成绩排名第一。这说明了你的优秀，大家应该向你学习！"有效的赞美可以提高下属的信心。另外，一旦受到赞美，他们便难以拒绝你的好意或者正确的建议。

第四，协调语言（Coordinated language）

协调对管理非常重要。当内部有不同意见时，如何协调一致？怎样消除分歧？首先应该有条件地认同各方的观点，然后再作引导和解释，将人们的思路统一到最好的策略上来。有一个简单的语言模式是："我知道……但是……""对……不过……""你们说得很对，但从另一个角度来说……"有针对性的分析和讨论员工的观点，化解他们的矛盾。不懂协调的管理者不但带不好团队，一切需要集体沟通的事情也总是会遇到障碍。

< 028 >

第五，凝聚语言（Condensed language）

管理者的语言要体现出强大的进取心，有拼搏奋斗的精神，有理想，有抱负，才能凝聚团队。只有使用积极的词汇，才能振奋员工的士气，化解他们的分歧，并且起到黏合团队的作用。

第六，激励语言（Motivational language）

如果不能挖掘员工对成功的渴望，那么，你就无法令对方全身心地投入工作。所以管理者应该时刻将刺激性的语言挂在嘴边上。有欲望不一定有决心，也不一定就有行动，只有信心才会催生行动。我们的语言要鼓励员工产生信心，给他打气助威，帮他充分地开发自身潜能。只有让员工相信自己，也相信你，这样才能把潜能转化为强有力的行动。

< 029 >

本章问题清单（Punch List）

◆ 让员工揣测你的意图，会产生什么结果？

× 为自己的领导力增添神秘色彩。

√ 破坏员工对上司的信任。

◆ 如何减少模棱两可的词汇？

× 只负责发布任务，理解和执行是员工的任务。

√ 用词准确，表达意图要清晰。

◆ 针对不同场合应该遵循的表达原则？

× 以管理者身份随心所欲地发言，不用顾忌员工的感受。

√ 考虑到不同场合和员工身份，因人而异地针对性发言。

◆ 什么时候应该使用"刺激性语言"？

× 跟着心情走，发火是管理者的权力。

√ 具体情况具体分析，能够达到目的才可以。

< 030 >

第 三 课

提问（Questions）:
懂得提出问题，沟通才有价值

◆提问的质量关乎沟通的效果。因为你提出的问题为接下来的对话指明了方向，确立了基调。管理者应该把握的原则是：确保提出的问题要有现实意义，立足于当前工作。

◆在沟通中，管理者的大部分提问没有给予员工充分表达真实想法的空间，这使对话往往变成了管理者一个人的游戏。

◆用"我"字开头的提问有一个最大的好处就是，既提出问题，又给了对方解释的空间，使问题的攻击性变得不那么强，很容易就实现了沟通的目的。因为问题仅是从"我"的角度"感觉"到的，并不一定就是事实。相反，以"你"开头的提问等于告诉员工，已认定这就是他的责任，要惩罚他。

◆一种可行的提问方法是"引导式对话"，即：有意识地抛出"试探性"观点，引出对方的想法，进行有目标地提问。高明的管理者善用这种谈话技巧，通过诱导性的问题，从下属那里逐步获得自己最想要的答案。

14 要想不被蒙蔽，就要懂得提问题

逃避责任是人的天性

艾力克的下属福勒是逃避责任的高手。一般犯下不引人注意的小错时，他擅长在工作汇报中巧妙地隐瞒，常能将小错修饰为轻微的功劳。遇有大错时，他也精于与上司周旋，转移老板的注意力。艾力克说："福勒巧舌如簧，公司的各项规定倒背如流，也会喊口号。有时我和他谈了十分钟，什么都没问出来。他是员工中精明的投机者。"

管理沟通中最常见的现象是什么呢？坐在你对面的那个可怜巴巴的下属向你反映的都是大而化之的问题——市场在萎缩，竞争对手太强了，环境变化太快，别的部门支持力度不够，还有其他客观条件的限制——导致了项目的拓展不尽如人意，他刻意地忽略了自己的责任，甩掉了自己的包袱，表现得这一切好像都与他无关，也不希望你发现那些关键的信息。

如果你没有仔细思考，就会被他蒙蔽。毫无疑问，公司部分雇员特别希望在

< 032 >

语言上占你的便宜，做不好工作，然后在沟通中耍花招，欺瞒上司，以此逃避他应负的责任。管理者应该怎么办？你应该时刻铭记的是——我们的团队不是因为交流欺骗技巧而聚到了一起，而是为了做出让大家均感满意的业绩。沟通的前提是我们能够解决问题，是让工作更好地开展。基于这个目的，你就不会天真到相信下属的所有说辞。

在领导力沟通课程中，我们非常重视"提问"，提问的质量关乎沟通的效果。因为你提出的问题为接下来的对话指明了方向，确立了基调。它的价值就像一个人选择在哪里定居一样，几乎完全决定了这个人的一生。管理者应该把握的原则是：**我们提出的问题要有现实意义，立足于当前工作。**下属可以逃避现实，上司任何时候都不可以。

如何用提问发现被掩盖的信息？

如果你正在和一位得力干将或者客户进行沟通，你们为了一个重要的项目进行商议。他对着你侃侃而谈，试图说服你相信某种假的事实。但你能强烈地感觉到，在一些事情上他对你有所隐瞒，一些关键信息被刻意地掩盖了，而你却无从入手。比这更糟糕的是，他还可能向你传递了许多"经过特别加工"的有误信息，想误导你的判断。

当员工有意地隐瞒重要信息，并且期望你有所回应时，你将如何提出一个致命的问题来打垮他的信心呢？

莱恩·凯勒在他的部门就沟通工作做了数项改进，其中一项是提升了自己提出问题的质量。他说："提问中一个常用的技巧便是，坐（站）在我面前的人越是极力强调的事情或者细节，我就越加向相反的方向进行推导，提出一个与之相悖的问题。比如，为什么你不选择 A，却选择了 B？假如不是这样，我们看看会发生什么？谎言就藏在细节的不合理之处，而你需要为自己的眼睛装上一部雷达，捕捉到那些细微的变化。"

第一，问题的"压迫力"不要太大。

第二，瞅准时机，果断地提出问题，不要给他组织语言的时间。

第三，直指核心问题，逼他主动坦白。

总的来说，管理者要保证提出一系列不会有"潜在压力"的问题（别给对方继续说谎的动机），促使员工实话实说，毫不掩饰地告诉你全部事实，说出你最

< 033 >

想听到的答案。你怎样提出问题，你就会收到员工怎样的回馈。一般而言，高明的上司三句话就能得知员工是在说谎，还是在如实阐述。相反，愚笨的上司至少需要三十句。

15　原则：问到重点，也要听到要点

公司沟通中一种常见的情境是，你在不停地说，越说越兴奋。员工在无奈地听，越听越反感。他不敢制止你，但也不可能对你说实话，因为他连说话的机会都没有。管理者在沟通中的大部分提问没有给予员工充分表达真实想法的空间，这就使实际的对话往往变成了另一种情况——管理者一个人的游戏。

我总是建议，上司在提出一个问题后，至少留出一分钟来倾听员工的回答。这一分钟是"听的时间"。然后，不管听到了什么，均要尽量使用平和的语调与对方交流，保证自己既"问到重点"，也能"听到要点"。这非常重要。在涉及关键的议题时，你要说服下属，也应"问听结合"，先要说明问题的"特点"，再解释你的想法有哪些"优点"，最后阐述潜在的"利益"，并且听一下他的想法。

窍门是，在和员工进行深层次的对话前——当你提出问题时，给他一个抱怨的机会（甚至允许他发泄极端情绪，比如，诿过于他人）。这是管理沟通的基本功能。我们要让员工讲出他的委屈，提出真实的要求，然后，再告诉他如何解决。

如何才能问到重点？

原则：提出重要和有分量的问题。

谈到提问，哈佛大学的心理学教授埃德森说："首要原则，是提出一个有分量的问题。"埃德森长期研究沟通心理学，也是斯坦福领导力沟通课程在 2016 年的素材提供者之一。他认为，一个好的问题应该具备两个基本要素：一、极强的概括力；二、丰富的内涵。这两者缺一不可。如何才算有分量的好问题？要有精练的表达、丰富的内容和重要的意义，这样才能引起对方的重视。否则，沟通就成了喝白开水，什么味道都没有。

这需要你在进行沟通之前，根据已经掌握的素材和信息，提炼出最有价值的

< 034 >

问题。在这方面，企业管理者可以借鉴记者的经验和技巧。优秀的媒体记者具有设计问题的独特天赋，总是能够抛出一些让受访人打起百分百的精神回答的问题，一旦回答不好便是炸弹。这是因为媒体记者的日常工作就是为了提出问题而做功课。

你需要听到什么？

原则：我们要听到员工的需求和他们的解决方案。

在问题准备好和提出以后，我们后面需设想到和应该做到的是什么？

◆**耐心询问**。不管是刺激性的问题，还是正常的业务交流，耐心是第一原则。反复询问员工的真实需求，并且确认你从他那里得到的资料是准确无误的。耐心还体现在给员工留出思考的时间，不用急于求得答案。在没有获得额外足够的信息之前，也不要轻易地对他的回答下结论。

◆**问题问错了怎么办？** 假如你提出了一个错误的问题，比如指责性的提问，应该怎么办？比如："销售数据为何今天才送上来？按计划应该是前天！"当你准备指责下属时，他可能告诉你上周公司已更改了汇报日期，他并未违反计划，你的指责是错的。管理者犯了错误，要勇于承认，并且及时道歉，但也不能在对方面前抱怨自己、公司或相关方在某些方面的决策不对，或者归咎于公司的政策，这是更致命的错误。如果你这么做了，员工就会感觉你是一个不能正视现实的上司。这样将会不利于后面的沟通。

◆**别轻易许诺**。在回答问题时，不要轻易许下承诺，这是我一再提醒管理者应注意的原则。只有在你非常有把握的前提下，才可以对下属做出一些相应的承诺。提问之后，你也要及时回复员工的需求，这时应该格外谨慎。当你提出一个员工感兴趣的问题时，就要做好满足对方的要求和解决相关问题的准备。但涉及承诺时，管理者要闭紧嘴巴，谨慎回答。

这三项建议适用于不同类型的公司和公共沟通。谈话高手们明白，员工在和上司谈话时最害怕回答问题，尤其是涉及"确认责任"的问题时，员工提高了警惕。如何问到重点和听到要点，对管理者是一个考验。不管是管理沟通还是其他类型的对话，本节的方法都能起到作用。

< 035 >

16 如何在愤怒的情况下提问？

值得注意的是，人在情绪波动时本能地具有"对他人的攻击性"。有一次在沟通训练中，我让两个人按照剧本演示一场精心设计的对话：A 不断地说谎，B 则不停地追问。剧本设计的是一次公司内部的分歧：有一项重要的业务搞砸了，部门经理 A 向公司副总裁 B 汇报工作时，将责任推卸给了管理层，还列举了一长串的数据来证明这件事就是管理层的责任。

前面有一部分的台词是我们训练小组提前写好的，要求参与实验者必须照着念，但后面的部分我们允许参与者自由发挥。他们要按自己的想法完成这次对话，直到我喊停止。当人们完全进入角色时，人们的情绪慢慢地成为沟通的主导。三分钟后，B 就发怒了，扔掉剧本，高声说："你是一个不称职的经理。如果所有的错误都是上司或者下属的，从来都不是你的，那么，公司还要你干什么？"

假如这是真实的场景，B 就会命令 A 马上写辞职报告。所以这种问题的攻击性不言而喻。它反映了人在常规手段无效时做出的过激和本能的反应，这是怒火转化为武器的表现。这说明情绪波动时的沟通难度非常高。

"攻击性"是沟通的一把双刃剑

工作中一直存在着两种人。第一种是理性的人，他们就像泡茶一样有耐心，沟通时善于等待、交换和运用隐蔽的策略试图操控对方的心智。你很难看到这种人表露出生气、轻佻、震惊等起伏较大的情绪，也读不懂他们在想什么。第二种人是较感性的，他不想伪装，或缺乏伪装技巧，觉得这很麻烦或者对人不公平。当他感受到不良意图、不舒适的体验时，情绪便容易波动，甚至产生过激反应，或者予以回击，比如进行攻击性的提问，怒气冲冲地质问对方，希望一举打破对方的心理防线。他觉得只要把自己的谈判、表达、说服的能力与情绪的工具结合起来，就能够对付所有人，包括不听话的下属。

攻击性提问有一定的好处，能吓住胆小的员工——假如做了亏心事，看到上司脸带怒气，一个喝问，便一五一十地交代了，不用采取进一步的举动。但在大多数场合中，愤怒主导下的攻击性行为对沟通的作用肯定是负面的。员工很生气，他会努力证明自己的清白，然后，你们就会陷入毫无逻辑性的互相诘问

< 036 >

之中。

第一，你们互不承认错误，哪怕心知肚明自己是有问题的。愤怒的一大作用是提升自己的"正义值"，降低对方的"正当性"。

第二，此后的沟通变成了一种"证明对方有错"的游戏。你问不出什么，当然，他也不能扳倒你，因为你是他的领导。

这是一把双刃剑，管理者搞不好便玩火自焚。但我接下来讲一个"攻击性提问"可以应用的场景。比如，在面对一个犯下了严重错误、隐瞒重大问题的顽固派时，提出愤怒的问题不仅是你想做的，也是安抚团队的需要，是对公司的交代，是展示管理权威的时机。首先，在开口指责他之前要先看清自己，确保你的理由和证据是真实有效的，也是充分的。其次，察言观色，讲究提问的技巧，在一个恰当的时机和对方交流，方能收到最佳效果。至于什么是恰当的时机，这有赖于你的观察能力和对方的个性。

如果员工是第二种人，他们比较感性脆弱，不易控制情绪，很容易将试探性的攻击视作和变成真正的冲突。这类人的缺点是，他们无法与"不舒服的情绪"和解，经常"非我同类，即为仇寇"，不认同一个人，便把他当成敌人。对方情绪有起伏，就很难平和地沟通，听不进话，面对上司也一样。更不用说你这个上司也正在生气了。我在许多地方见过会议室中突然摔东西、扔咖啡杯和怒喷上司的下属。他们就属于这种常理无法度之的情形。上司不过是表达了一下不满，他们就突然毫无征兆地发飙了。那么，我们该怎么提出攻击性的问题呢？

建议：

第一，不要试图操控他。你首先回顾检查自己的表达方式，收敛情绪，比如可以停顿 10 秒钟。这是我对大多数人的建议，因为理性人总是很少的。

第二，不要着急，换一个问题。首先你要把事情说清楚，保证对方听到的信息是完整的，而不是琐碎的，避免产生误解，然后，再等待他的第二次回答。

生气时的提问不要用"你"字开头

如果我们不得不告诉下属自己很生气，他要给出交代，具体应该怎么问？

人们在做计划、构想时有几万种绝妙的方法，但回到真实的场景时都会有一个深刻的感悟：我为什么又犯错了？为何既定策略实现不了，阻力是什么，为何不能自制？特别是在发脾气时，完全将计划抛诸脑后，说出让员工顿时暴走的语

< 037 >

言，比如，大量使用指责性意味浓厚的"你"。

"你为什么不执行部门决定？"

"你给我的数据全是弄虚作假，究竟怎么回事？"

"你是不是不想干了？"

"你是不是联合其他人抵制我的管理，还向上级打小报告？"

"你还有什么是瞒着我的？"

"你这个人没什么出息，对我的评价你有什么看法？"

以"你""你为什么""你是不是""你这个人"等为开头的提问，怒气值之满不言而喻。这说明你很愤怒，问话带有强烈的挑衅意味，攻击性十足。你想达到的目的被这种提问方式全毁了。因为这种句式是阻碍我们在不良情绪中实现沟通的陷阱。它将批评升级为怄气，把以解决问题为目的的沟通转变成了"**上司对下属的人身攻击**"。

不以"你"字开头，意味着我们可以用另一个字替换。比如，将"我"字放到提问的开始，把最直接的指责替换成一种有回旋余地的自我感受。

"我听说你没有执行部门决定，我想听听你的解释，可以吗？"

"我发现有些数据不真实，是什么原因？"

"我感觉你是不是想辞职呢？"

"我发现你和其他人对我有些误解，能说一下理由吗？"

"我认为信息不完整，是否还有一些必要的信息没告诉我？"

"我觉得你的上进心还可以提高，能谈谈吗？"

用"我"字开头的提问有一个最大的好处就是，既提出了攻击性的问题，达到了目的，又给了对方一个解释的空间，攻击性不是太强。因为问题本身仅仅是从"我"的角度"以为"和"感觉"到的，并未表明这是确凿无疑的事实。相反，如果以"你"开头，等于直接表明你已认定这件事就是对方的责任，接下来你就要惩罚对方。宣战式的提问是必须避免的。

60% 法则——保留我们的部分愤怒

在斯坦福领导力沟通课程中，我们提供了一个处理不良情绪的机制：60% 法则，在愤怒时的表达用语只反映出我们 60% 的情绪，而不是全部的不满。这个措施有助于我们阻止内心的不良情绪无限制地释放，防止冲突扩大。

< 038 >

比如："小刘完全理解不了我的意图，近期工作一塌糊涂，手头负责的项目也做黄了，让公司赔了不少钱。我真想骂他一顿，然后再让他滚蛋。但我只会问一问他是否感觉工作有些吃力，然后，让他反思一下哪些地方做得不好，否则，公司便留不住他了。"

前面是讲事实，情绪指数呈现最高级，攻击值满分，说出来便没有沟通余地了。后面是讲方法，用词和语气则降到了中等，攻击较温和，既有指责又有提醒，尚存有一定的沟通空间。根据我的经验，90%的老板是直脾气，选择的是用事实劈头盖脸地训斥一番，从不顾忌员工怎么回应。我是老板，公司的管理者，我管你员工怎么想呢？骂痛快了再说，至少把你的无能讲出来，让你无话可说。只有10%的老板选择后一种方式，降一下火气，保留批评力度，等沟通完了再做决定。

愤怒遮住的不仅是眼睛，还有思维。愤怒时你不容易看到真相，也意识不到对方的真实意图，因此，无法说出"该说的话"，问出"该问的问题"。人类是典型的情绪与理性互为一体的社会化生物。同一个人不同时段的情绪控制水平也不一样，有时懂得妥协，有时又表现得强硬尖锐。因此，学习管理情绪和提升情绪化状态下的沟通能力，是一个长期的过程。

17 员工回避沟通时，你的第一个问题非常重要

天才物理学家爱因斯坦说过："提出一个问题比解决一个问题更重要。"我对这句话略作修改："如何提出第一个问题，比解决一个问题更重要。"为什么我要强调"第一个问题"？难道第二、第三和后面的问题都不重要吗？当然不是，这是由管理工作中我们和员工的心理博弈决定的。尤其在员工抵触对话时，如果你无法敏锐地感知员工的情绪变化，那么，你对工作也就缺乏洞察力，你一定是一个和人交流时流于表面的人。

对事实和真相的抽丝剥茧一般是从发现问题和提出问题开始的。但是，员工可以通过选择回避沟通来逃过惩罚。比如，公司行政部门的两个负责人3个月也没做出一份1周就能做好的《后勤制度调整方案》。公司副总裁忍无可忍地找他们算账时，两个人却试图转移话题，不想谈论这项工作。副总裁问得急了，两个

< 039 >

负责人就把责任推到了那些阻碍调整的因素上。比如，最难缠的市场和销售部门，他们反对降低补贴。总之，员工会优先强调客观原因，却不想谈及"自己没能力化解阻力"的主观因素。

第一，为什么和员工沟通提出问题十分重要？因为问题＝话题，话题引导着沟通的方向。

第二，如何才能让第一个问题就可以打开员工的心扉？方法是问到他无法回避的痛处，并且抓住需求点。

管理者要善用淘金式的提问，通过提出针对性的问题来主动获取信息，打开员工的嘴巴，筛选、评估他的答案，分析和判断他观点的正误。原则是**主动和有所针对**，通过提出具有针对性的问题以及主动探寻答案来判断他是否接受了你的建议，是否愿意合作。

怎么让人"想跟你聊"？

李维文是美国企业界著名的公关顾问和畅销书《六度人脉》的作者。他说："在人际沟通中，人们常犯这样的错误：当一个人觉得有必要提出问题时，他往往认为，必须提出具有攻击性的问题才能彰显自己多么在意对方的回答。只有这样，才能给对方施加压力，为自己创造沟通上的主动。但是，事与愿违，这在多数情况下都带来了不妙的结果。对方感受到的是恶意，而非诚意，自然就不会认真地回答问题。"

请注意：

管理者提出的"问题"不能成为对员工的威胁，否则，人们更加逃避。让员工愿意跟你聊的关键，就是一下便问到重点。

我们的第一个问题要问到要害、节骨眼儿与最关键的问题，让对方不重视都不行，非回答不可。因为避重就轻是公司雇员的拿手好戏。他是来公司赚钱的（唯一重要的目标），不会拿你当亲人（非必要选项）。为了保护他自己和利益同盟（必然选择），比如关系密切的同事，做出说谎、隐藏错误等行为，他不会有丝毫的心理压力。不论经过编织的谎言，还是沉默式的隐瞒，都是回避甚至拒绝沟通的表现。

面对这种情况，管理者怎么办？

上司和下属的谈话不同于从其他渠道获得信息，也有异于生活中我们习以为

< 040 >

常的普通对话。它需要当面和下属互相有所保留地博弈，是业务层面的沟通，也是心理层面的较量。在和下属的交流中，一名优秀的管理者首先应该是一个具有深刻洞察力的人，拥有一双火眼金睛。其高明之处在于，他能将自己的知识水平、社会阅历、学识口才、聪敏机智等各种能力综合地融入到观察、分析和提问之中，让员工跟着自己的思路走，顺利地获得自己想要的东西。在他面前，员工是透明的。

提出一个"不得不答"的问题

对管理人员来说，最主要的一种能力，就是可以几句话便问出重点，收集到"核心信息"。尤其第一个问题要问得恰到好处，让员工不得不回答，没有逃避的理由。领导力沟通课程推荐的策略是，当你开口提出问题时，要有个性、有特点，而且，要在第一时间问出对方最了解、最关心和最熟悉的问题，使他不说话都不行。

第一，对方能够回答（有回答的能力）。这个问题应是对方的专业或者他所擅长的，否则，便是"对牛弹琴"。他不知如何回答你，自然就更加回避沟通，问题也就没有了价值。

第二，对方必须回答（有回答的责任）。要问到对方的痛点，关联到他的责任、错误或正在承担的义务，他有回答的必要性和必须性。简单地说，他没有回避的正当理由。

第三，对方可以回答（有回答的条件）。要在一个恰当的时机提问，并且，展示出这个问题的重要性。这应该是一个他的情绪、时间、场所等条件均比较合适的时机。当他既不感到突兀，也不会反感时，回避沟通的可能性就会很小。

18　把你的"疑问"变成一个"悬疑故事"

环环相扣的发问

提问的诱导性，取决于话术的逻辑能力。换位想象一下，如果你面对一系列令你猝不及防的问题，将作何反应？是不是感觉没有时间思考，而且提问题的人

< 041 >

不好糊弄？这正是我们在沟通时要给员工造成的感觉，让他觉得你是一个很厉害的人，由此产生"我不能轻易说谎"的心理。

如何将自己提出的"疑问"变成一个具有诱导性的"悬疑故事"？**首先，问题要由浅入深，一环扣一环。**环环相扣又层层深入的发问能使人在应付了几个问题之后便难以招架，暴露出逻辑上的漏洞。**其次，问到地方。**只有将提问和双方关心的东西结合起来，才可以激发对方的兴趣，对方才愿意回答，帮你追根溯源，讨论出结果。

比如，你想知道上周那份快递寄出时为何出了问题，就不能去问前台，而是应该询问负责收发快递的专职人员。尽管前台也经常参与快递业务，但这不是她的负责范围。而且，她对回答这个问题也未必有兴趣。

连续不断地发问

这或许并不能让你一下子就找到真相，或者缩短沟通时间，但能让你很快发现员工表达上的破绽——尤其被刻意掩饰的东西。

我在斯坦福大学上公开课时，不止一次地向企业家学员们表示，如果你要打破上司和下属"各怀鬼胎、无话可说"的尴尬局面，连续提出问题是一个强有力的办法。这也许是所有传统手段中最为有效的一种，屡试不爽。在每次与员工的重要谈话中，当我找不到任何突破口的时候，也会准备一大堆的问题（近期他在工作中的疑点和值得商榷之处），对他进行连续不断地发问。这些问题互相关联，层层深入，最终他的"不回答"将变成一种对责任的默认。多数员工都会"坦诚交流"。因为他们不希望自己成为一个"沉默的罪人"。

19 没有万无一失的问题

你总是想好了再问？不要这样，没有完美的问题，应该先谈起来再说。**团队沟通是一种允许试错的管理行为。**另外一种可行的提问方式是"引导式对话"，即：我们有意识地抛出"试探性"观点，引出对方的想法，进行有目标地提问。高明的管理者善于运用这种谈话技巧，通过诱导性的问题，从下属那里逐步获得自己最想要的答案。

< 042 >

日本知名学者大石良子是第一个运用"引导式对话"的人。和管理行为不同的是，她将引导式对话的工具运用到了教育情境中，并取得了显著的效果。她在《改变孩子一生的对话力》一书中写道：

"比起一味地告诉孩子应该怎么做，在和孩子的对话中，向孩子发出思考后才能回答的具体提问，对于孩子的成长是很有帮助的。"

站在团队情境的角度理解，在沟通中要先接纳员工的想法，再提出问题，引导他们思考诸如下述事项：

"为什么这样做，不能那样做？"

"你想得到的到底是什么？"

"你应该如何完成这项工作？"

"你的职业规划是什么样的？"

随后再根据这些具体的目标让员工思考，在沟通中表达想法，做出决定和选择。同样，对于与同事、客户间的沟通，引导和试探式提问的积极作用也是巨大的。成人和孩子一样，有时对于一个问题并没有真正做到"全视野"的认知。或许他的确知道一些东西，但他的大脑将之遗忘，眼睛也未看到。假如你能给予引导和提醒，就能与他顺利地交流，还能化解双方可能发生的误解。

大石良子提到的"对话力"这个词，我们可以放到引导的语境中理解。在这种语境与场所的对话中，"试探性的观点"具有一般启发和诱导的意义，通过层层深入的"旁敲侧击"，纠正沟通的方向，引导员工说出真正的想法，实现我们的沟通目标。而且，一开始的时候，管理者不要怕问错，没有必要等到万无一失再开口。

20　员工没有告诉你的是什么？

如何听出弦外之音？

有的下属回答问题时会说一半留一半，他没说的那一半才要命。但是，能听出他们的弦外之音并不容易，因为管理者的时间紧张，难以专心或有意识地思考员工的话里所隐藏的含义。一般人会觉得做领导的心眼儿多，想什么都瞒不过他，实际上这只是针对那些能力优秀且时间充足的领导者。对沟通的重视程度，

< 043 >

决定了你是否能听出他到底想说什么。

在沟通的很多场景中，员工和上司谈话时都会把他的真实意图埋在字面意思的下面，即使跟最信任的上司沟通时也是如此。员工并非我们想象的那样有问必答，问什么就说什么。不要把他们设想得太单纯。员工希望你能听出来他的真实想法，并且可以理解他的苦衷。

比如：

他和某个同事关系好，不想说他的坏话。

他和某个同事关系坏，但不想直接说他的坏话。

他不敢得罪另一个领导。

他想加薪、调岗等，但不想明说。

……

任何因素都可能让他们在表达时隐藏真实的答案。因此，你必须在沟通时充分领悟对方的处境（有必要深刻了解他在公司的人际关系），并以此做出反应，去正确引导后面的对话，提出目的性强的问题。否则，你可能和他谈了半小时，却丝毫摸不着头脑。

别急于下结论，接着问下去

◆听到一些粗浅的回答时，不要着急下结论。

在一些会议场景中，人们开始说的话并不代表他最后的结论。他们在试探，或做初步的交流，需要根据别人（上司）的意见去修正自己的思路。在表述时，人的自我定位是漂移的。不是所有的人从一开始就有一个十分确定的立场。所以，即使你听到和看到了足够多的信息，他们阐述得比较充分，你也不要急于做出结论，而是应该继续追问，或让沟通继续深入，直至听到他们成熟的观点。

◆在听的时候要多想一想，再针对性地问一问。

听出弦外之音后，我们的选择是什么？可以从不同的角度提出一些引导性的问题，再综合相关的信息进行判断。也许只有这样，才能看到他的潜在意图，听到他真实的想法。

< 044 >

21 斯坦福领导力沟通课推荐的9种提问方式

第一，尽量避免攻击性的问题。

这是一条基本原则。与沟通对象深入交谈前，你就应该注意，不要从过于私密、有威胁性的问题开始，以免对方无法回答或拒绝回答，造成冷场。假如你的问题具有一定的威胁性，对方将采取坚决的自卫措施，那时你就达不到沟通的目的。我们的目的是通过问题拉近双方的心理距离，互换重要的信息，因此，应该尽量从一些能够让员工感觉安全舒适的问题开始，减少攻击性。

第二，提问时传达你的理解和共情。

有时，仅仅问一些让他们感觉很舒适的问题还是不够的。作为一名优秀的管理者和关怀下属的上司，我们应当了解到，你的谈话对象是一个个感情丰富的人，那么，你所表达的内容也应带有感情。你要理解他们，与之心有戚戚焉。一个"干巴巴"的问题如何引发员工的兴趣、打动人心呢？沟通的根本在于理解，要通过我们的问题表达出对于员工的心理支持，传达诚意，以此来提高对方回答问题的积极性。

第三，提出对方"感兴趣"的问题。

这和作家撰写作品一样，平铺直叙的语言并不能吸引读者的阅读兴趣。一本好书，一定是从一开始就对人具有非常强的吸引力。如果我们在沟通一开始便提出一些新颖、有针对性的问题，便能激发他们的兴趣，让他们产生深入交谈的渴望。你的问题符合员工的兴趣，抓住了他的需求点，对方想不回答都难，一定会主动跟你沟通。

第四，提出可以引发共同思考的问题。

要努力提升我们所提出问题的质量，多提一些能够引发员工与你共同思考，然后积极参与讨论的问题。这一原则无论是管理、谈判、人际交流都是适用的。我们应该想方设法促进共同思考，学会用问题去敲击、撬动他们的好奇心，这样你才有机会利用沟通带动下属的成长，了解他们对于一些关键问题的看法，引导他们思考，以便为共同事业服务。

第五，用你的提问吸引对方向你提出问题。

在提问中向下属表达你的兴趣点非常重要，即便你是管理者。这会改变员工对你的刻板印象，加强彼此的亲近关系。当员工对你的做法感到好奇，并且向你

< 045 >

提出问题时，互动式沟通就产生了。你可以通过解释、阐述和分析开启一段有深度的交谈。所以，一个好的提问必然能吸引员工提出自己的问题，和上司产生热烈的互动。互动，正是我们提问的根本目的。

第六，提出符合场合与氛围的问题。

场合不符，氛围不对，提问就没有效果。在那些追求浪漫氛围的影视剧中，经常出现这样的桥段：夕阳西下的海边，或布置雍容典雅的西餐厅，优美的背景音乐缓缓响起，一位帅气的男士穿着笔直的西装，慢慢地走过来，单膝下跪向女孩求婚："你愿意嫁给我吗？"女孩感动地热泪盈眶，激动地回答："我愿意。"整个场景氛围的营造，让那位男士的请求充满了一种难以回绝的美感。这充分说明了一个道理：我们提问的内容并不重要，更重要的是场合和氛围。问题一定要符合场合，和氛围相得益彰，才能获得对方积极的回答，才会产生持续的建设性的交流。

第七，掌握好提问的时机。

一次和谐有益的沟通需要良好的氛围，但我们不可能永远都掌握这种氛围和环境。管理者不是万能之神，也要学会观察和尽力去寻找合适的时机，以提高沟通的效率。时机不对，就不要开口。在提出你的问题前，至少要有这样的意识："他们此时是否有时间、有心情给予回答，什么时候更方便，我找他们谈一谈呢？"

第八，不仅要提问，还要倾听。

鼓励员工与自己进行深度对话，或者让他们多说一些，是每一名优秀管理人员应该具备的基本能力。你不仅要提出问题，还要善于、愿意倾听。想要赢得员工的理解和认同，就要多向他们提问，以表达你的兴趣和关心，然后，听听他们讲什么，有什么怨气，有什么需求。根据他们的意见（建议），你就得到了一个宝贵的反馈，且有利于解决这些麻烦，而不是流于表面。

第九，根据对方的需求提出你的问题。

在掌握他的需求的基础上，然后请求他："能跟我谈一谈这个话题吗？"这是一个随时都能用上的有效提问。接下来，你再这样提问："为什么是怎样？原因是什么？你是怎么想的？我和公司能够为你做一些什么？"弄清楚员工的真实需求后，我们才能够知道该如何继续沟通，并切实解决问题。

< 046 >

本章问题清单（Punch List）

◆ 向员工提问的目的是什么？

× 用于了解工作进展。

√ 通过提问精确定位问题，发现被掩盖的信息。

◆ 如何才能"问到重点"？

× 直接就自己的要求进行提问。

√ 结合员工情况，根据自己已经掌握的素材和信息，提出重要和有分量的问题。

◆ 愤怒时应该如何提问？

× 该发火时就发火，发火可以展现管理者的权威。

√ 遵循 60% 法则，进行有克制的攻击性提问。

◆ 员工回避沟通时，应该怎么办？

× 要么直接追问，要么不用在乎他们的反应。

√ 精心设计问题，创造有利于回答的语境。

◆ 怎么实现"针对性提问"？

× 针对工作的性质和员工的岗位，制定提问策略。

√ 针对员工的个性、公司的需求、场景特点和工作的性质，综合制定提问策略。

◆ 员工有所隐瞒时，应如何沟通？

× 如果员工不说，就不用管。

√ 听出员工的弦外之音，进行引导式沟通。

< 047 >

第四课

目的（Purpose）：

有针对性的沟通，才能达到目的

◆我们不得不面对的一个事实是，为数众多的管理者对讲话有一种特殊的癖好。有些上司为了满足自己对下属训话或当众演讲的爱好，会将一些简单的问题大讲特讲，最终导致沟通变得索然无味。

◆和团队成员沟通前，你一定要搞清楚，这次沟通要达到什么样的目的，你必须明白自己想要什么，想从下属这里拿走什么，让他们执行什么任务，完成什么目标。

◆和员工沟通并不难，只要你不说废话。当你准备开口时，只要清楚你的目标以及员工的目标，了解他们喜欢什么，想知道什么，讨厌什么，不愿意听什么，然后你把那些员工不喜欢、不符合目标的全部去掉，直接讲重点，往往不需要三分钟，就能将很多事情讲清楚。

◆表达的首要原则，是选择简练和有分量的用词。用词要精确，简洁，概括，有针对性，才能达到目的。管理者不但要具备精练、准确的表达能力，还能有目的性地陈述重要的观点。只有这样，才能引起员工的重视。

22　为什么很简单的问题，你总是说得很复杂？

有一次，GE华盛顿分公司伯特·莱纳尔德的"长篇大论式讲话"给我留下了深刻的印象。我坐在会议室的一侧，看着身边一脸雾水的下属，再欣赏一下莱纳尔德仍在努力试图将一个很小的事情讲明白的专注神情。当时我最担心的不是他的耐心，而是他的下属会不会睡着。其后的十几年至今，我在许多地方又见过像莱纳尔德一样的人，和员工谈话时总有一种"你们智商太低，理解不了，因此，我要细细讲来"的心态。两句话就能说清的事，他们往往要用十分钟，甚至有时可能还说不透彻。

雄鸡放声一叫，就获得了人们的赞扬。青蛙一夜的努力，也没有获得人们的认可。雄鸡和青蛙之间的差别就在于，**后者不能在合适的时机用最精练、准确的方式阐述它的观点。**

大凡像莱纳尔德这样迂腐不堪、啰里啰嗦的人，他们最后都不会有什么大的

< 050 >

作为。这一点你肯定很认同。你也相信，这类人充其量是一个勉强合格的执行者，而不能成为团队的领头人，也不能胜任沟通工作。因为这种人在说话时总喜欢拐弯抹角，把特别简单的问题说得极为复杂。这种人沟通水平差，看不到一丁点儿的领导力和敢于沟通的魄力。

我们如果仔细观察和研究那些经常演讲的成功者、哈佛公开课的主讲人，他们在讲述问题的时候从来不啰嗦、不赘述，而且喜欢使用简短的语句。**他们擅长用最少的词语表达最丰富的意思**。虽然说话简练，时间少，但他们的话很有说服力，总是能引起一片掌声，甚至成为一时的流行语。反观那些喜欢做报告、开大会的领导者，几个小时的长篇大论下来，重复的观点反复地讲，铺开来讲，结果台下的人全都哈欠连天。这说明沟通时越简洁越有力，简洁才能达到目的。而对一个小题大做或者经常"短话长说"的管理人员，你很难指望他能把团队带出什么成绩。

第一，怕下属不理解，于是越说越复杂。轻视下属的水平，抓住机会就向他们宣教、解释、灌输自己的见解，很容易把简单的事情讲复杂。不说还明白，越说下属越糊涂。

第二，许多管理者有"讲话癖"。我们不得不面对的一个事实是，为数众多的管理者（企业和事业单位的负责人）对讲话有一种特殊的癖好。为了满足自己对下属训话或当众演讲的爱好，有些上司会将一些简单的问题大讲特讲，使得沟通变得索然无味。

23 我们都是爱说废话的上司

有个人感觉身体不舒服，总是头晕，于是他跑到医院就诊，挂了内科。进门之后，大夫问他："你哪里不舒服？"这个人想了想说："我前几天出去玩，衣服穿的少，结果下了场大雨，被雨淋了。我心想，多喝点儿热水，睡一觉肯定就好了。第二天，起床后真的感觉好了许多。谁知到了第三天，身体突然又不好了，饭也吃不下，也不想去上班，就感觉身体无力，天旋地转的。晚上的时候，我就想要不今天来医院看看吧。我朋友说……"

听到这里，医生不耐烦地打断他："请你说重点，现在你是什么症状，后面

< 051 >

还有很多病人在排队呢！"

病人非常不高兴地说："我正说着呢，这不从头开始说嘛！就是我淋了雨，冻着了，头晕，打喷嚏，干咳，疑似感冒。"

医生无可奈何地说："你早这么说，药方我现在都给你开出来了。你这就是感冒症状，不用昨天、今天、前天地来回推理，去窗口缴费拿药吧！"

这个场景我们在管理沟通中也很常见。斯坦福大学领导力沟通课程的组织方曾经对全世界两千多家企业的四万多名员工做了一次邮件调查，询问他们所认为的上司在沟通中的缺点。在列出的诸多选项中，"爱说废话"毫不例外地排名榜首，居然有三万多人勾选了这一条。而在针对企业管理者的邮件访问中，超过81%的管理人员也认识到了这个问题，坦陈自己确实有说废话的毛病，尤其在跟下属谈话时。

英国思想家、科学归纳法的创始人弗朗西斯·培根说："任何干大事业的人，在初期要像千眼神一样窥探时机，而在进行时要像千手神一样抓住时机。"他的这段话最重要的是后半句。应用到沟通上，在表达我们的观点时，不要犹豫，简单明确地说出你的意图，直达目的，沟通的成功率反而更高。

所以我经常对公司的管理人员强调一个观点："和员工沟通并不难，只要你不说废话。当你准备开口时，只要清楚自己的目标，并且知道员工的目标，了解他们喜欢什么，想知道什么，讨厌什么，不愿意听什么。然后，你就把那些不喜欢、不符合目标的全部去掉，直接讲重点，不需要三分钟，就能将很多事情沟通好。"

不要总是重复你的观点

沟通时多次"重复某种观点"，除了浪费时间，还是一种不自信（准备不足）的体现，不仅达不到提醒对方的目的，还极有可能招致对方的反感。有的企业家跟下属谈事情，翻来覆去地说车轱辘话，同一个观点反复论述。下属早就领悟了意图，他还在苦口婆心地阐述。要改掉这个坏习惯。表达观点时，在有必要的情况下最多重复一次（当员工没听明白时）。

不要废话连篇，因为没有人在乎

莱纳尔德在下属眼中是"废话专家"，那些年他说过的废话已经可以写本书

< 052 >

了。但是，他自我感觉很好："我重视沟通，投入很大，大事小事讲给下属听，希望他们领会我的苦心。"但是没人领情。只要你在说废话，员工就会转入"走神模式"。你说了什么，有多大的苦心，真的不重要，他们也不会在乎。说得越精简，效果才越好。

24 最短的谈话，也需要有个框架

公司市场部门的总监杜卡特有一次拿着一份宣传方案来找我，想说服我批准这个方案，并给他拨付 20 万美元经费，联合当地几所大学共同组织一个活动，向大学生宣传公司产品。我看完第一页，就知道这是他在半年前写好的那份方案。现在市场已经起了一定的变化，这份方案不可能起到预期的效果。

我向他提了三个问题：

第一，必要性。两个月前，其他公司就已经进入附近的大学大规模地开展相关活动，我们现在做活动是否还有必要？

第二，变化性。半年前，公司拿到的数据，现在是否有所变化？如果数据变动很大，公司应该怎么办？

第三，可控性。对于宣传活动的效果，是否有精确、合理的预估？如果不可控，公司花这笔钱的意义是什么？

提出这三个前后承接的问题，我只用了 60 秒钟。这是一次"每个字都不浪费"的谈话。我希望杜卡特能用第一手的信息回答这些问题，但他当时没有给我满意的解释。他回答不上来，因为他的理由是："公司应该试一试，以免错失良机。"对于商业活动来说，"试一试"永远都不是能够说服上司做出重大决策的理由。因此，我提出了一些必要的问题，然后，终止了那次对话。后来的事实表明，同时期开展类似活动的公司，并没有从大学校园攫取计划中的果实。市场在变，年轻人在成长，类似的宣传计划已经过时了。

有一个比喻说："好的交谈是恰到好处的迷你裙，足够短，却能吸引人。又足够长，可以裹住主体。"意思是，在沟通足够简洁的同时，也要富有逻辑性，即你要有一个完整的框架，有沟通的目标，有清晰的主题。很短的一次沟通，也要有它的目的性，并且，保证能够达到沟通目的。

< 053 >

25　你要明白自己想要什么

明确沟通的"目的"

和团队成员沟通之前，你一定要搞清楚，这次沟通要达到什么样的目的？你必须明白，自己想要什么，想从下属这里拿走什么，让他们执行什么任务，完成什么目标。或者，仅仅是一次感情交流？"感情交流"也是一种目的。目的不同，沟通的方式也不同。有的管理者经常把目的搞错，使沟通达不到既定的效果。

需要强调的是，沟通的目的并不是为了"说服下属"。员工是不能去说服的，因为没有人愿意被上司说服。当他们感觉到你要用制度、道理、利益、权力等工具去说服他时，他即便服从，也很自然地有一种抵触的心理。他认为，你说的有道理，但他也会有自己的看法，甚至悄悄地反抗。同时，当管理者抱着说服员工的目的展开沟通时，由于怕对方拒绝而心态不平和，缺乏耐心，急功近利等，反而不容易达到目的。

你为了争论，还是展示口才？

莱纳尔德是为了展示口才，艾力克则有和下属争论是非的冲动，这两位企业家均把沟通当成了"让自己赢"的工具，偏离了正常轨道。沟通的目的不是为了显示你有多聪明，记住这个禁区。在多年来的调查案例中，我们发现大部分的企业管理人员喜欢只顾自己口若悬河、滔滔不绝地讲，好像在做一场公众演说，而不去关注对方的感受和反应，即便他面前只有一名员工。这样做让他感觉很好，气势十足，讲得也很精彩。可假使他能看到员工走出去后的表情，就会发觉自己刚才就像一个傻瓜。

无论如何，在管理沟通时出现双方各执己见、争论不休的情况，或者一方说个不停，另一方洗耳恭听，都是非常失败的结果。管理者一定要不断地提醒自己，既然沟通的目的不是为了争论，也不是为了展示口才，就一定要主动地避免发生这种情况。管理者要掌握和引导沟通的走向，**首先明确"不能做什么"，才能看到"应该做什么"。**

< 054 >

达成共识，获取双赢，增进了解

沟通的第一个目的，是为了达成共识。 团队在工作上肯定有不同的观点，但一定也有相同的观点，立场既有分歧，也有交集。管理者在与员工沟通时不是为了看到那些不同的点，而是为了找到共同的点，将分歧放到一边，将共同点结合到一起，就主要部分达成共识。有了共识，团队才有凝聚力，员工才有执行力。

沟通的第二个目的，是获取双赢。 最好的沟通结果就是双赢，让团队中的每个人都赢，管理者和员工皆大欢喜，共同获益。这是我们最大的目的。一次成功的沟通没有失败者，人人都是赢家，皆有收获。

沟通的第三个目的，增进互相了解。 团队中每个人的情况都是不一样的，思维方式、工作风格、利益点、未来规划的差异很大。管理者有责任通过交流促进人们的相互了解，然后互相理解，彼此信任。在沟通中就是跟员工聊一聊天，交换一下看法，卸下心理负担和轻松地交谈，了解员工，也让员工了解你，以及增进员工之间的互相了解。

26　针对性地陈述观点

埃德森在哈佛大学教授沟通心理学。他说："表达的首要原则，是选择简练和有分量的用词。"用词需要精准，简洁，概括，有针对性，才能达到目的。尤其对管理者的要求是很高的，不但要具备精练的表达能力，还能有目的性地陈述重要的观点，引起员工的重视。"针对性"是"目的"的一部分。

针对性体现在两个方面：

第一，特点与焦点。 即员工的特点、工作职责、沟通任务等因素，你必须对这些充分考虑，照顾到方方面面。

第二，语言的选择，包括时间的长度。 结合员工的性格，选择合适的沟通语言，时间长度也要计算在内，有时 30 分钟的沟通并不一定能够胜过 3 分钟的效果。

这两者都要正当其时，恰如其分，而且，缺一不可。即在与员工开始沟通前，就要依据上述两个原则制定匹配的沟通策略，就双方最了解、最关心和最熟

< 055 >

悉的问题做直截了当地高效沟通。

27 如何沟通很棘手的问题？

管理中棘手的问题到处都是，无外乎下面几种：

◆员工利益受损，因此不合作。

◆公司利益受损，需让员工妥协。

◆管理者不好开展工作，需要员工配合。

有很多情况属于这三种，不能一概而论，但要就事论事地进行沟通。我们得根据具体情况，判断用什么方法和员工谈，是大事化小好，还是以拖待变？是正面解决，还是顺其自然？是祭出杀威棒，用制度予以惩罚，还是被团队的民意绑架，牺牲公司利益？不管如何沟通，都不要关起门来逃避，要开始找人聊。

以前我遇到这种情况时——有些工作很麻烦，不好沟通——我习惯给自己一个借口："让我先冷静一下，好好想想。"可现实是，你一个人越想越混乱。管理工作千头万绪，不是一个人就能想通的。你越逃避棘手的问题，它就变得越来越棘手，让你更难解决。

先建立信任是基础

信任是沟通棘手问题的基本前提。团队的任何一种人事或工作冲突都有它的来龙去脉，前因后果，绝非突发事件，更非偶然事件，而是某一发展过程的最终结果。就是说，这些冲突都是受到某种潜在的"误导"所致，比如怀疑、猜测、担忧等。要想彻底消除这些冲突——导致工作协同不力的事件，就必须让冲突回到一种"不受误导"的状态，建立信任。即：你一定要和员工共同理解正在发生的事情，逐步建立信任。只有建立了信任，才可以再谈如何协调工作，处理具体的麻烦。

< 056 >

坦诚地说出真实看法

我曾在斯坦福大学的领导力沟通课上提出一个问题："在任何情境下，你都会向下属坦承自己的真实立场吗？"我要求人们只从"A. 会"和"B. 不会"两个选项中选择其一，并要不假思索地回答。结果，仅有不足 2% 的人选择了 A。这是一个可怜的比例，说明**"不信任自己的部下"是管理人员的天性**。这也更加突显了坦诚的重要价值。

如果沟通双方不能面对面地坦陈自己的主观感受，例如失望、被误解和被伤害的情绪（包括管理方），那么，双方的冲突和分歧就没有希望得到解决。工作中的棘手问题一般是现实而又残酷的，比如停滞的项目进度、缩减薪资，甚至裁员计划、竞争激烈的晋升考核等，处处充满矛盾和利益争斗，人的压力大，也很敏感。只有坦诚对话，袒露真实的情绪，才能起到减压的作用，让冲突和沟通恢复到本来的根源——具体的利益谈判上去。

形不成方案，沟通就是失败的

我非常反对"只要坐下来谈，就代表有进展"的观点，是因为现实管理中不乏"坐下来坦诚交换意见，然后矛盾加剧"的案例。很多时候，双方谈了之后，分歧反而更大，问题更棘手了。这种情况是十分常见的。所以，清除协作的障碍，是沟通棘手问题的关键，**形成解决方案**，而且，**不允许出现"输方"**。否则，沟通还是失败的，尽管向前迈进了那么一点点。

这时，我们最好的举措是，跳出自己情绪的负面影响，去协商解决办法，照顾双方的利益，做出一定的妥协。双方不仅要有解决方案，还要采取合作的沟通方式，基于长远的利益需要进行对话，只有这样才能起到建设团队的效果。

合作式沟通

瑞利·吉布森是亚利桑那大学社会学学院的博士研究生。沟通管理学是他的主攻方向。他在美国社科协会（ASA）年会上发布了一篇论文，文中称："合作式的沟通才是解决一切难题的关键步骤。在一个运转有序的团队内，人人需要他人的配合，没有配合就没有成果，沟通亦如此。另外，解决冲突的质量一定要由实践来检验。即，合作的质量决定了沟通的效果。"

< 057 >

吉布森的观点得到了微软、谷歌等一些世界级企业高管的支持。未来是合作的时代，是沟通的时代，也是两者彼此交融的时代。我们日常的管理工作中总会出现一些差错。即便是在团队成员都抱有良好愿望的情形下仍然会出现故障。如何处理这些层出不穷的问题？答案唯有合作式的沟通。

第一，不要在解决一个问题后又开始怀疑对方是否真的在与你坦诚合作。人们好了伤疤忘了疼，工作中也经常如此，你要戒除这个习惯。

第二，只有严格遵守制定好的团队规则，才有助于克服新的危机，不至于重新陷入分歧。这一条对管理者尤为适用。你要比员工更好地遵守规则，展示合作精神。

28 避免表现出"不良目的"

一个人必须知道应该如何表达意图，也必须知道该在什么时候表达，以何种方式才能实现最佳效果。就像本节标题所讲，我们所欲传达的一切意图都应经过合适的包装，避免让员工察觉或主观感受到你有任何的"不良目的"。

为了确保组织内的沟通目标得以实现，IBM公司在内部管理中制定了"沟通十诫"：

一、沟通之前先澄清概念；

二、探讨沟通的真正目的；

三、检讨沟通的环境；

四、尽量虚心地听取别人的意见；

五、语调和内容一样重要；

六、传递的资料尽可能有用；

七、应有追踪、检讨；

八、兼顾现在和未来；

九、言行必须一致；

十、做好听众。

< 058 >

IBM 公司的做法给了我很大的启发，让我在公司的管理和沟通中实现了一些创新。当公司成长到 2 千万美元、5 家分公司和 124 名雇员时，我向管理团队发布了一项和沟通有关的集体契约。我们称之为"阳光契约"：

◆ **在达到目的的基础上，避免刺激员工。**

◆ **在为员工着想的基础上，实现管理目标。**

◆ **在员工有所质疑时，及时澄清自己的意图。**

制定这三条原则的目的是为了祛除管理沟通中的功利性，在达到目的的同时也要给予员工一定的"情感温度"。当然，这三条原则实现起来很难。员工有时比上司还要精明。他们洞察世事，深谙人心，对于上司在玩什么把戏心知肚明。但最起码管理者可以用一种柔性的方式让他们不那么生硬地接受自己的要求。"阳光契约"起到了沟通润滑剂的作用。

哈佛大学教授柯利斯·阿格利斯说："**善于沟通的管理者，他们擅长掩饰真正的问题。**"目的性太强也是一种"不良目的"的体现。你太直接了，不给对方思想缓冲的空间，也可能把事情搞糟。例如，你跟一名漂亮的女孩约会，吃完饭，喝完咖啡，想把她带回家。你直接说："走，去我家坐坐吧？"这就是目的性太强。换个说法："嘿，我家的猫会后空翻，要不要去看一下？"这就是掩盖了你的真实目的，至少听起来好接受一些。

29 越重大的事，越要简单地说

简明扼要的表述

管理者不要做"不必要的沟通"。一个组织内的沟通永远都是为了达到某种目标，因此，表述时要简明扼要。越是重大的事情，就越要简单地说。如前文所述，你可以对自己的目的包装一下，让它柔和、有趣，而不是像一只让人厌憎的铁线虫，但这不应该影响我们表达的方式。

第一，用词要精确，避免长句。别让人一边听，一边思考："这个家伙在说什么？"

第二，对重大的事情进行概要式的描述，让人一听便明白，而不是搞不清头绪。

< 059 >

直奔主题，不要废话

同样是说话，有的人讲了很多，却让人不知所云。有的人仅说了一两句，却能四两拨千斤。因为后者直奔主题，开门见山，短短的几句就把事情说清楚了，让人豁然开朗。如果你讨厌啰嗦的下属，那么，你就应该清楚，下属同样讨厌啰嗦的你。这就像一面镜子，参照员工的行为思考一下，套用一句流行语：**不要在沟通时变成自己（员工）讨厌的样子。**

30 根据员工的个性制定沟通策略

如果可以根据团队成员不同的个性——包括心理、年龄、经历、兴趣、工作风格等因素有针对性地开展沟通，制定沟通策略，效果肯定大幅提高。

第一，聪明而外向的员工

这一类型的员工话多而快，活泼开朗，在沟通的过程中要特别把握两个要点：

A. **赞美可以更快地达到目的**。外向型的人都喜欢别人的恭维，来自上司的赞美尤其具有推动力，可以促使他们更快地行动。当然，你的赞美必须是真诚而且是适当的。

B. **泼必要的冷水**。他们容易自作聪明，了解了一些皮毛就以为全弄懂了。浮躁，短视，是他们另一方面的特点。所以很有必要向他们泼一些冷水，告诫他们要脚踏实地，少耍嘴皮子。

第二，内向稳重的员工

对于内向型的员工——他们占团队的大多数，表现稳重，一般不爱表达（话少），也不善于表现，甚至有些自卑和懦弱（不敢与同事和上司争论）。你必须注意引导他在沟通中主动提问题，和他们交流用问答式的策略较好。如果你没有办法让其提出问题，就很难知道他是怎么想的。沟通策略以鼓励为主，减轻对他们的压力，以免其在公司成为一个"沉默的好人"。

< 060 >

第三，自尊心强的员工

另一个解释是"死要面子"。怎么称呼他们无关紧要，重要的是——这类员工有极强的自尊心，面子往往比前程、金钱重要。一般来说，他们为了证明自己，可以在工作中迸发出惊人的力量，是愿意且能够自我激励的人。

和他们沟通要注意两点：

A. **尽可能私下批评**。特别是不要在他的办公室或小组中当众批评他。在这种环境中，一旦他为了面子反击你，你作为管理者便很被动。最好在你自己的办公室、某处安静的角落或无人的会议室与其一对一沟通。

B. **鼓励他们向榜样看齐**。例如，以公司比较成功、收入较高、贡献较大的元老（优秀员工）作为榜样，鼓励他们学习榜样的优点，开阔心胸，然后，有计划地慢慢塑造他们。和他们沟通不要急于达到目的，要有长远的期待。

第四，容易消极的员工

这类员工属于负面意见型的人——有些才华，但经不起挫折，排斥压力大的工作。管理者做这类员工工作时应特别注意以下几点：

A. **你要信心十足**。你的立场越坚定，信心越足，沟通的效果就越好。不然的话，他更加坚持消极的看法。他会想："领导自己都没信心，看来我的判断是对的！"

B. **多用反问法**。用反问法是一个好策略，不要正面回答他关于悲观前景的问题，而是反问回去。比如："如果你想的是对的，为何事实不是按你设想的发展呢？""如果这个项目没有成功的可能性，为何那么多竞争对手也来竞标呢？"通过推演他的观点来反驳他，扭转他的观念。

C. **多举正面案例**。不要忘了列举一些成功的实例和你的亲身经历，用正面的实据给他加油打气，帮他树立信心。

D. **分析他的优点**。不要忘了分析他的优势，列举他技能中的强项，让他有信心将才能发挥出来。一般而言，有把握就有信心，而"把握"恰恰来自于能力。

E. **在团队中沟通**。在一个积极自信的群体氛围中，沟通的难度就没有那么大了。借助其他人的力量，用群体自信去感染他，让他尽快地融入团队。一个自信的团队，可以减少员工消极对待工作的概率。

< 061 >

第五，有主见的员工

有主见的员工属于沉思型的人——如果公司有很多的这类成员，我要恭喜你。他们是公司的顶梁柱，爱思考，有行动力，在工作中可以自行分析和判断。和他们沟通时要注意的是：

A.**少说多听**。不要说废话，多倾听，最好以解释和回答他的问题为主。

B.**用证据说服他**。他们的行动力源于充实的证据。因此，管理者要提供充足的资料和证据给他们，由他们自行判断。

C.**不要催促他做决定**。保持耐心，给他们思考的时间。

D.**不要频繁沟通**。过于频繁地沟通是不利的，保持一定的周期，定期了解他们的想法就可以。临时、紧急沟通例外。

第六，优柔寡断型的员工

这类员工属于犹豫不决型——他们是线那一端的风筝，牵一下动一下，不牵就要掉下来，自己的决断力和行动力差。他们有想法，有能力，但是，他们也会担心自己做不好，或者因为其他原因总是下不了决心。他们没主见，很希望别人（同事、上司或亲朋好友）帮其做决定。管理者要推他们一把，牵动那根线，为他们指引方向。在沟通中引导他们，甚至要直接下命令。

第七，盲目冲动型员工

他们是盲目冲动型的人——比如，接到一个新工作很兴奋，马上开始，冲在最前面，比任何人的行动力都强。但你不要高兴得太早，他们上午还干劲儿十足，不达目的誓不休，下午就偃旗熄鼓，马放南山了。他们也特别容易被同事说服、影响和操控，做事冲动，不顾后果，思考简单化。一旦有条件，他们也会毫不犹豫地辞职，然后，第二天就后悔。和这类员工沟通时，要告诉他们：不要着急，考虑清楚再做决定。要让他们在考虑一定的时间后再做出成熟的选择。同时，要让他们详细地阐述自己的疑问，或者不清楚之处，以便全面解决他们的困惑，减少日后反悔的概率。

< 062 >

第八，功利型员工

对于功利型的人——也就是"利益中心主义"者，我们没有什么太好的策略。功利型的员工在工作中以利益为导向，希望尽快加薪、升职、强化人脉等。他们对公司少有感情，对上司也不讲旧情。那么，你只能运用好"利益"这个杠杆，在沟通中关心他们的利益，以工作效果和业绩考核为导向，来引导他们为团队工作。

< 063 >

本章问题清单（Punch List）

◆ 为什么很简单的问题在沟通中被复杂化了？

× 为了让员工重视，有必要把问题复杂化。

√ 管理者轻视了员工的理解能力，既然是简单的问题，就应该简单地说。

◆ 如何简明扼要地向下属传达目标？

× 只说目标，一句话传达，节省时间。

√ 有框架地传达，讲明目标和概要。

◆ 如何针对性地阐述观点？

× 针对问题的具体性质进行阐述即可。

√ 针对员工的特点、工作的性质和场所进行阐述。

◆ 如何沟通棘手的问题？

× 用管理者的威权弹压，强力解决。

√ 建立信任，进行合作式的沟通，并且形成解决方案。

◆ 如何避免表现出"不良目的"？

× 用欺骗手段进行包装，或者不告诉员工公司的真正目的。

√ 给予一个坦诚但双赢的解释。

< 064 >

第五课

交换（Exchange）:
听你想听的，也要说对方想听的

◆如果说真话没用，就不会有人说真话。下属的建议往往习惯性、机制性、常态性地被上司漠视。管理层经常将员工的意见置之不理，员工慢慢地就形成了统一的立场：为了避免给老板留下负面印象，成为被重点打击的出头鸟，便事不关己高高挂起，用说假话的方式明哲保身。

◆经历丰富的员工深知言多必失、多一事不如少一事的道理，这是由管理者的作风决定的，也取决于团队文化。而且，有些实在的观点也不适宜在公开场合说出来。他们往往会通过非正式沟通来表达自己的建议。

◆"审问"是很差的策略。如果员工最重要和最基本的需求没有得到满足，你拿不出可以交换的东西，"审问"是没有效果的。你问得越紧，员工的假话就越逼真。

◆听和说的比例以"7：3"最佳——用7成的时间去听，然后，用3成的时间去说。我建议，针对不同的情况，调整这个比例。比如，谈论棘手议题时，应适当地延长听的时间。有必要时，听完再询问一次，给对方深入阐述的机会。你听得越仔细，理解便越精确，回应便越得体。

31 需求，是所有沟通的驱动力

原一平是日本保险业连续15年的销售冠军，被称为"推销之神"。他说："对销售而言，善听比善辩更重要。"为什么要善听？因为我们要弄清楚对方的需求。和客户合作，通过倾听能够获知客户更多的需求，提供针对性的服务，赢得他们的信赖。和员工合作，通过倾听也能得知员工想要什么。根据他们的需求进行沟通，就能事半功倍。

任何形式的沟通，本质上都源于三种"驱动力"：

> **需求驱动 + 信任驱动 + 价值驱动。**

需求驱动：是指当人们有某种需要时，你能满足他们，便可以深入沟通。

< 066 >

信任驱动：是指企业或者管理者个人通过一系列方式获得员工的信任，双方有了信任，才能顺利沟通。

价值驱动：是指企业和团队通过建设组织文化，培养员工认同企业的价值观，以此提升员工的沟通意愿。

在这三种"驱动力"中，需求驱动是后两者的基础，信任和价值来源于团队需求的交集——不同需求的交汇处所产生的力量，就是沟通最强大的驱动力。不过，挖掘需求要顺其自然，管理者不要自以为是，紧紧地抓住你自认为的"需求点"，而不去倾听员工的表达。在和下属谈话时，你需要的是信息交换，而不是彰显你的个人主义。

领导力沟通课程倡导的两大基础原则：

第一，耐心询问和倾听。管理者必须耐心地询问和倾听下属的真实需求，直到他们完全和充分地表达了自己的所有期待。

第二，洞察真伪。在没有获得足够的证据之前，不要轻易地相信员工提出的要求（期待），也不要轻易地得出任何结论。要有犀利的洞察力，分辨他们是真的有某种需求，还是只为了从你这里获取信息。

32 员工为什么不说真话？

不论是周会、月会、季度会议，还是项目讨论会，芝加哥 ROX 广告公司的 CEO 丹尼斯每次打开笔记本，都是激情四射并且慷慨陈词。他对每次开会都充满了美好的期望。他想象的是一场场创新力满分的讨论，有新想法提出，有对过去的批判，有对管理层的建议，有对未来的展望，总之精彩万分。这是一个团队富有生命力的象征。

可事实是，除了他的心腹爱将外，大部分员工目光呆滞，眼中无物，或在笔记本上狂写不止，貌似认真，其实不知在写什么；或是故作姿态，频频点头，可已不知神游何方。轮到每个人发言时，丹尼斯听不到一句真话，人人避重就轻，顾左右而言他。

"老板的指示非常英明，我深受鼓舞，对工作信心百倍！"

"我的想法有同事已经说过了，我表示同意！"

< 067 >

"我没有意见！"

丹尼斯被惊吓到了。他的会议成了这副鬼样子——除了第一次参加例会的新员工还能讲一些实话，表达一下异议，展现出某种初生牛犊不怕虎的血气，资格越老的员工就越是言之无物，十分有默契地联合起来"哄着上司玩"。这样的沟通表面上一团和气，意见高度统一，实际上除了浪费茶水、咖啡外，没有解决任何问题。

"开完会我不知道他们的想法，他们可能也不理解我的思路吧？"丹尼斯说，"这让我很迷惑。我给了他们说话的机会，这帮人平常在下面一个比一个能说。为何在正式沟通时他们却成了撒谎高手，比演员还能演？"

反思一下你的"企业文化"

在我看来，问题出在开会之前。一句话，是 ROX 公司的企业文化存在问题，丹尼斯的责任是最大的。员工不是没说过真话，问题是经常大胆直言的员工已经被他找借口干掉了——调职、降薪、训斥、解雇等，干掉的方式多种多样。现在，人人有一种"沉默是金"的心态：什么都不说，埋头干好自己的本职工作。

想改变这种情况，丹尼斯只有一个选择：善待那些提意见的员工。

如果说真话没用，就不会有人说真话

还有一种原因是，下属的建议习惯性、机制性、常态性地被上司漠视，管理层将员工的意见置之不理，员工说了真话也没用，渐渐地就不会有人说真话了。这也是一个温水煮青蛙的过程，员工慢慢地就形成了统一的立场：为了避免给老板留下负面印象，成为被重点打击的出头鸟，便事不关己高高挂起，**用说假话的方式明哲保身**。管理者要让"真话"变得有价值，除了鼓励员工慷慨直言，还要从机制上给予明确的反馈——公开接受员工的正确建议，同时，表彰和奖励他们。这样才能逐步扭转公司的风气。

33 员工为什么跟你讲套话？

和隐藏真实观点的假话不同，套话是虚与委蛇地应付，也是精心包装的敷

< 068 >

衍。资历深的员工是讲套话的高手。他们懂得如何跳过风口浪尖，避免从自己嘴里说出对同事不利、风险较大且需自己承担责任的观点。这是过去的经历给他们留下的阴影。只要有一次员工的认真发言被管理者打断，伤到了自尊和自信，他们便很难再"踊跃发言"。最终，他们变成了名副其实的跟屁虫和讲套话的高手。

说套话对员工有好处

经历丰富的员工深知言多必失、多一事不如少一事的道理。这是由管理者的作风决定的，也取决于团队文化。而且，有些实在的观点也不适宜在公开的沟通场合说出来。他们往往会通过非正式沟通来表达自己的建议，既显示了自己的忠诚，又表明自己懂得选择说话的场合。

第一，公司正式沟通场合的宽容度不高，员工只能讲套话。

第二，尖锐的观点大多出现在非正式沟通中。

管理者的责任

我们要意识到，在错误的管理方式长期浸染下，越来越多的员工会加入"不愿说派"——**有看法，有水平，但不想说出来**。比如丹尼斯的部下们，他们是狡猾而沉默的士兵，努力地工作，但对和上司的坦诚沟通持观望态度。

和"套话派"相比，"不愿说派"显得不够圆滑，可更直接地揭示了管理者在沟通中的失误。员工不愿开口，说明管理者的沟通策略是有问题的。管理者把说实话的员工置于"与自己的管理权威相对抗"的对立阵营，觉得这样的员工是叛逆分子，不服从管理。于是，坚持自我做事原则的下属们只好选择闭上嘴巴，或者随便应付几句。这不是对抗，也不是什么智慧，纯粹是为了在公司生存。

从自身做起，别再讲套话

第一，先用镜子照一照自己。检查自身是第一步，也是极为必要的一步。有的管理人员一方面要求下属说点儿有用的东西，一方面自己愤世嫉俗地指点江山，离题万里，没一句实在话。管理者起不到带头作用，下属自然有样学样。

第二，你不讲套话，员工也会实话实说。

管理者没有必要表现得无所不知，无所不能。你只需要善于发现问题，讲出问题，注重讨论结果，员工自然会领悟你的意图，也会实话实说。没人想故意逃

< 069 >

避沟通，问题是沟通必须有很好的信息交换。这是双方的责任，是对等的要求。等你习惯了说实在话时，员工也就不跟你讲套话了。

34 员工为什么会越级汇报？

有一天早上，我打开办公室的电脑，突然收到了一名基层员工盖坦的邮件。邮件是单独发给我的。盖坦谈到了他所在的销售部近期在一次活动策划上的问题。他认为不该在产品价格上优惠过大，哪怕是一次短期的促销活动，也会给客户留下今后可以通过施压争取更大的降价空间的印象。这个想法他向部门主管何塞·威利提了四次，但是都如石沉大海，至今未收到回音。

这是一件糟糕的事，因为盖坦希望引起我的注意，让我主持公道，干涉一下事态。站在威利的角度，他觉得没有什么大不了的，一名普通员工的意见不值得他重视，何况这个意见是在挑战他已做出的决策。但从盖坦的视角看，问题就不这么简单了。在他看来，拿公司利益当儿戏的上司太蠢了，反而老板看起来很睿智，所以他选择越级发邮件沟通，倾吐自己的苦水。现实中，类似的情况有很多，去电梯口等候上司的上司，打老板的电话，抓住短暂的时间反映自己的想法等。

越级汇报指的是不按照公司既定的等级次序，越过了顶头上司向更高层的管理者反映、汇报工作。甚至像盖坦一样，跨过部门经理威利、总监、副总这些级别直接联系到了老板本人。在工作中，越级汇报一直被认为是不可踩踏的雷区。如果没有什么特殊情况，没人愿意直接越级沟通，这是大忌。每一家企业都采用了"层级管理"的形式，即便最扁平的团队也是如此，从上至下具有严格分明的层级。公司中的每一个人必须明确自己在团队中所处的位置，上司是谁，下属是谁，对谁负责，向谁汇报。同时，按照企业中统一指挥的原则（也称为统一与垂直性原则），假如两名上司同时对同一个部下或者同一件事行使了管理权，越级指挥，越级干涉，管理层级就会出现混乱的局面。

因此，团队主管们希望下属永远百分百地忠于自己。无论什么事情，员工第一个汇报的对象都是他，而非越级上报。在直接上司看来，这件事的严重性超越了所要解决的问题本身，是对自己管理权威的挑战和颠覆，明摆着没把他放在眼

< 070 >

里。"不是一次两次了，这个家伙上个月便想找到您反映问题，这是告黑状。而且，他的思路是错的。他没看过市场数据，便胡说八道。"这是威利的心声。他愤怒地向我辩白。这种事如果我处理不当，不但容易得罪这位部门主管，还会给员工留下坏印象。

但是，从这个角度看——假如员工在特定情况下出于对公司、团队利益的考虑而越级汇报，这种行为是不是也不可原谅呢？出现这种情况时，管理者应该如何处理呢？

越级汇报的优点

我们暂且不管威利的苦水，展开思路，想一下其他可能性。比如，企业中层管理者的许多问题往往都是由基层员工越级汇报揭发出来的，像挪用公司款项、对属下公报私仇、吃里爬外、不作为等。高阶管理者有必要考虑到这种可能性。所以我开始分析，威利的主观意识过于强烈，拒不接受一些真实的现状。他为了自己的私利，故意曲解公司的指示精神，借此打压有个性的员工。威利甚至为了逃避自己的工作责任，利用盖坦犯下大错（越级汇报）的时机将责任转嫁到那个可怜鬼的身上。幸运的是，经过调查威利是清白的，他工作称职，盖坦的判断是错的。但这个过程至少给了我从一个特殊的角度了解基层信息的机会。

管理者要做什么？

发生员工越级汇报的事情时，代表事态非常严重和棘手，需要认真小心地处理（沟通）。如果你是被越级的一方，你要采取下面的行动：

第一，复盘一下自己的问题（有没有错误）。

第二，等待一个最佳时机（看自己的上司是否通知）。

第三，不要打击报复，要找一个机会深入沟通（化解分歧）。

如果你是被汇报的一方，员工对你的态度便有些敏感，因为你的任何风吹草动都可能引发一场不可预料的震动。但是，既然员工找上了你，往往带有他自己明显的看法。耐心地听完员工的陈述，尽量了解他为何没有向其直接上司反映的原因，这是你第一要做的。其次，坚决不要对其当面反映的问题做具体的判断和表态，更不可以当着他的面对他的直接上司有负面评价，最佳回复是："我知道了，研究后答复你。"最后，必须严肃地告诉他，越级汇报是违反公司管理制度，

< 071 >

也是不合情理的，暗示这将对他造成一定的负面影响，希望他不要再犯。

随后你需要采取的行动是更为重要的：

第一，交流完成后应该找机会同他的上司进行一次严肃的沟通。

第二，表明自己反对和不鼓励越级汇报，也要强调保护和赞扬汇报人的初衷，除非他的出发点有问题。

第三，对所汇报的问题如何处理，需要视具体情况来决定，没有固定的处理模式。

35　交换信息，可以让员工"主动交代"

丹尼斯还有一个困惑是，尽管他有时表现出了诚意，但与员工单独沟通时员工却什么都不说。员工犯了错误的时候也是这样，他们不想吐露实情，互相掩护，提防甚严。除非他当场展示员工犯错的确凿证据。问题不是员工多么狡猾，而是丹尼斯的诚意只表现在口头上，没体现在行动中。切记这一点：沟通不是单方的信息反馈，是双向的。主动地交换信息，让员工得到些实惠，他们才愿意充当你的"信息来源"。

今天的上司与下属之间好像有解不开的不共戴天之仇，彼此已经渐渐失去了实质性地交换重要信息的兴趣。特别是在国内公司中，管理者面对下属动不动就严加斥责，提出要求，而不给予回馈。下属对上司则阳奉阴违，用套话、假话应付。表面上看似乎你大权在握，你稍不高兴，员工就要拍屁股走人，但他们其实也未必会乖乖地束手就擒。比如，在工作中搞点儿小破坏，轻则延误工作的进度，重则让公司有大的损失。即便被炒鱿鱼，他们的账本上也还是划算的。

问题是，在你有心沟通时，怎样让员工在事态还未严重时便坦诚地主动交代？

笼络人心的工具

聪明的上司明白，沟通除了是管理工具外，还是一个笼络人心的工具。因此，你必须懂得给员工一些"甜头"。比如，谈话前告诉他们一些有利的信息："下个月可能提升一名副主管。""会上几个新项目，你比较适合。""考虑给你加薪。"这些即使仍不确定的信息对员工的笼络效果也是惊人的。这代表着你在为

< 072 >

他争取利益，提供机会。他们会感激流涕，也会回答你的问题，甚至主动告诉你"尚未察觉"的秘密。

换来实话，而不是审出真相

"审问"是很差的策略。对于员工来说，如果他们最重要和最基本的需求没有得到满足，你拿不出可以交换的东西，"审问"是没有效果的。你问得越紧，员工的假话就越逼真。所以管理者要从下属那里换来实话，重点是一个"换"字，而不是一个"审"字。"换"是公平交易，你们各自提供有价值的信息，互相实现目的。这是一种沟通的默契。

36 主动解释一下他们关心的问题

在我的公司，持续沟通是保持员工积极性的一个方法。我要求所有的管理人员建立一个《下属信息登记册》，上面记载的是每一名员工在每一天、周、月的需求信息，以及办理和满足情况。每个季度我们都有一次公司全体高层参加的员工沟通会议，并且设有 30 分钟的"问答时间"。

第一，这段时间，员工可以提问他们所关心的任何问题，包括公司经营、发展计划、福利和加薪比例等。

第二，这段时间，员工可以向近期未满足他们正当要求的上司问责，要求公司给出解释和合乎规定的答复。

通过这些制度，我们实现了与员工沟通的主动性、开放性。现在，公司的年轻人越来越多，像 80 后和 90 后的员工占据大多数。他们信息接收的方式十分广泛，信息获取的速度也非常快，好奇心强，维权意识重。因此，我们在沟通方式上采取了他们喜闻乐见的方式，比如上述的公开自由提问、视频沟通、公司休息室的随机及非正式沟通等。这些措施都取得了良好的效果。

不久前，我们又在公司内部创建了一种模仿国内娱乐节目《非诚勿扰》的活动。每季度的最后一个星期五下午举办活动。高管并排站在一个台子上，台下的员工则像记者一样可以采访任意一位高管，并且可以提出形形色色的问题。

< 073 >

比如：

"为何晋升考核的标准不清晰，是不是有暗箱操作？"

"为何在公司预算如此紧张的时候，您还要出差？"

"公司什么时候兑现股权激励，有没有时间计划？"

其中不乏尖锐和质疑性的问题，然后，管理者必须立刻给予解释、回答，不得转移话题。这种方式拉近了员工与管理者之间的距离，加强了信任。最大的好处是，管理者和员工都从中获取了宝贵的信息，对于后续的工作和决策是极为有利的。在我看来，管理者可以利用这样的机会帮助员工理解公司的决策与规定。

除了定期提问与回答的机制，在非正式的随机沟通中，管理者不等员工询问便主动解释和说明是一个可贵的好习惯。不过，这要求管理者熟悉员工的想法，能够提前掌握他们近一个阶段的思想动态、情绪状态，才能及时主动地与他们沟通。

37 如何创造一个安全的沟通氛围？

在工作中，我们经常看到团队主管们召开了一场会议，原本抱有良好期待的技术性讨论最后却变成了一场激烈的争执。经过持续十分钟的指责与抱怨以后，人们不欢而散。尽管气氛热烈，每个人都发言，却什么结果也没讨论出来。

你认为绝对正确的方法与理念为何没获得员工哪怕很少的认同？

你的强势与威权为何没有获得自己想要的结果？

你的成熟判断为何换来的不是员工的据理力争，就是默不作声地反抗？

这三个问题看起来简单——无非员工不服气——实则复杂，因为在沟通中我们不仅要观察讨论的内容，更要观察讨论的氛围。只有双方皆在一个安全的氛围中，信任度才高，我们才能够较容易地就讨论的问题达成一致，至少达成初步的共识。如果在沟通中，任何一方感受到不安、畏惧、愤怒等情绪，交流就会遇到障碍，沟通就很难有实质性的成果。

只有管理者在与员工交谈时营造出了足够安全的气氛，双方才可以自由地发表观点，讨论和分析任何问题，员工也才会全身心地投入并倾听你的看法，你也可以坦诚地接受员工的异议，而不会产生抵触（打压）的冲动。

< 074 >

善意的传达

转换一下身份，我们也经常有这样的奇怪体验——当你和上司对话时，有可能他的观点让人听起来很不舒服，但你却没有产生抵触的情绪。你在认真听他的见解，理解他的分析，思考他的看法，而且，极可能让自己坦然地接受了他的影响。虽然大部分时候你是反对他的，但是你比预想的更容易接受他对你的批评，而不是反对他的观点。

为什么会有这种感觉？这是因为：

第一，上司在沟通过程中充分考虑到了你的感受和利益，传达了善意，同时，也表达了对你足够的尊重，让你觉得是安全的。即使你不同意他的观点，但还是做出了积极的反应。

第二，作为员工，如果一个人感觉气氛不安全时，哪怕是善意的传达，他也可能当作一种威胁。此时，沟通便难以达到目的。

避免沉默和控制

这是两种典型的缺乏安全感时的行为表现，一旦出现在沟通中你就要小心了，必须及时调整。"沉默"是拒绝进行观点交流，"控制"是强迫对方接受自己的观点。最常见的沉默形式有：（低头）不说话；掩饰；对问题轻描淡写或者有选择性地表达观点；逃避问题（避开敏感话题）；甚至彻底退出沟通（离开）。无论如何，沉默都是人们感觉氛围不安全时的一种强烈表现。

控制是一种暴力沟通的形式，是一个强迫对方接受自己的观点，并用指令性问题控制对话的过程，绝大多数出现在管理者的身上。比如，不允许有异议；把某些发表不同观点的员工加上标签，将他们视为某一类人；攻击员工并且企图在语言上压倒员工；用语言对员工制造痛苦（威胁和贬低）等。出现这些情况时，说明沟通已经失败了，你就算赢了这场战斗，也获得不了任何东西。在这种氛围中，管理者的智商就像一只猴子，这样会影响整个团队的氛围，严重降低沟通的质量。

< 075 >

38 "先说再听"和"先听再说"

人的本能是不喜欢倾听的。几乎任何人的本能均极度讨厌别人在耳边喋喋不休。这是因为我们在沟通时都倾向于掌控节奏，把握主动权，不想听到自己不感兴趣的东西。

> "我是焦点，我是巨星！别人必须听我说！"

你也是这么想的吗？用表达增强人们对自己的认同感，何乐而不为呢？面对下属时尤其如此。不过，从来没有一个人是因为听了太多而失去了下属的拥戴，反而因为说得太多而遭到下属的厌恶。这就是为什么全世界所有商学院的管理课均提倡企业家拥有倾听精神。"听完了再说"，才是优良的习惯。因为这是沟通的本质。你要学会克制，控制表达和倾听的比例，否则，只会是你们两个人或一群人的自说自话。

美国著名管理学大师、畅销书《高效能人士的7个习惯》和《领导者准则》的作者史蒂芬·柯维说："我们大多数人都不是为了理解而倾听，我们为了回应而倾听。所以你的目的是获取人们的信任，而不是仅仅为了完成谈话的程序。"你倾听的目的也是为了考虑如何回应吗？如果是，这说明你只懂得了沟通的部分本质。沟通时既要理解，也要回应，倾听兼具这两种作用。

听完再答复

我前面说过，上司在回答问题时不要轻易地对下属许下承诺。只有在你和公司非常有把握的前提下，才可以说出你的诺言，然后如时兑现。现在我要说的是，倾听的原则也是如此——不要急于回应，先听对方说完。不论你听到了哪种观点（好听和难听的），淡定一点儿，耐心地听下去，直至其说完了全部的要求、抱怨和牢骚。

当你向下属提出一个问题，启动一个话题时，就要做好满足对方倾情表达的准备。比如你要听上很长时间。

< 076 >

听说比例的"7∶3"法则

听和说的比例以"7∶3"最佳——用7成的时间去听，然后用3成的时间去说。我建议针对不同的情况调整这个比例。比如，谈论棘手议题时应适当延长听的时间，有必要时听完再询问一次，给对方深入阐述的机会。你听得越仔细，理解越精确，回应得便越得体。

我们平时不难发现，那些热衷于抒发自己的感情、阐述自己的观点，而不在乎别人耳朵的承受力的人讲起话来滔滔不绝，不想给对方开口的时间（没有倾听的意识）。他们的舌头就像安装了一台永动机，一开口便放飞自我，任意地倾泻头脑中想到的所有词汇，毫不在意听者的反应。在企业管理者中，并不乏这种具有演讲癖的人，不停顿和不间断地讲话，不允许员工插话和问话，也不关心员工是否有话要说。在这类人的沟通习惯中，听说的比例甚至可以达到惊人的1∶9，更有的管理者说的时间远超过9成。这是最糟糕的上司之一。

别让沟通成为独角戏。不论"先说再听"，还是"先听再说"，我们在沟通时的第一目标不会改变，那就是"不要让自己赢取最多的注意力"，沟通中要有互动，有说有听。只有鼓励员工多说，才能从员工那里听到有价值的信息。最好的角色是，员工像一个"有一肚子话要说的演讲家"，管理者是讲台下合格的听众，以至于员工有时意识不到这是在交流（让他们有谈心和倾诉的快感）。要诀是，我们别当独角戏演员，当一个合格的听众就可以了。

自己的想法要如实告知员工。虚伪的管理者喜欢把自己包装得无所不知，无所不能。但如果你不懂、不行，就一定要如实告知对方，以免下属开始对你抱有过高的期待，后来又陷入深深的失望。这对管理权威的打击是无法挽回的。谈话是需要负责任的行为，上下级间更是如此。管理者想通过沟通与员工达成共识，互利合作，容不得半点儿的虚伪。

39 对员工的任何想法，都要保持旺盛的好奇心

古罗马时期的天主教思想家圣·奥古斯丁说："上帝为那些有着好奇心的人打造了地狱。"还有人文主义哲学家伊拉兹马斯也曾发表自己的观点："好奇只是贪婪的另一种表达而已。"这说明早期的西方宗教和人文学者都一致地谴责人

< 077 >

们的好奇心，希望将人的思想牢牢地禁锢在组织的教条中。在现代组织中，好奇心也未被广泛地鼓励和支持。许多公司都强调严格的组织纪律，甚至不允许创造（脱离组织的既定思路）。

这是因为人的好奇心难以被约束。好奇心往往表现为叛逆，挑战规矩，不喜欢服从，也不甘于沉默。在拥有好奇心的人面前，所有的规则都是暂时的，都可以被一个"从未出现过"的想法打破，因此，他们敢于提出任何问题、设想。他们不屑于使用那些必须被权威获准的行事方法，而是勇敢地展示个性，走一条特立独行之路，绝不按部就班。他们随性地改变方向，就像布朗运动，轨迹难以预测。这些特点决定了拥有好奇心的人在组织（企业）看来是离经叛道的，在某种程度上让人陷入与权威的冲突中，甚至产生颠覆性的后果。近30年最典型的例子是乔布斯对苹果公司的巨大影响，他天才一般的创造力既促成了苹果公司在世界范围内的伟大成功，也在死后为苹果公司留下了一个无法逃避、抹去的阴影。

好奇心创造未来

好奇心既成就组织，也毁灭组织。这对管理者提出了严峻的考验，比如，下属那些好奇而无止境的提问要如何应答？怎样对待？是积极回应，公开倡导，还是强力弹压，严厉打击？

2010年，斯坦福大学请来了纽约大学商学院的教授凯文·奥沙利文教授领导力沟通课。他曾经担任维斯特公司副总裁，有十几年的实际管理和团队沟通经验。他说："好奇心是人的灵魂重要的组成成分，就像氢之于恒星。太多了，恒星的寿命会降低；太少了，就形不成恒星。我们要用好沟通工具，以此来激发员工的好奇心，增强员工的求知欲，在沟通阶段要鼓励他们提问。员工可以提任何问题。当他们主动和你探讨时，切记将你所知倾情相授，这是最有价值的交换。但在执行层面，可以适当地对员工进行约束控制，以免好奇心泛滥。"

纽约银行梅隆公司高级执行官克里斯塔·吉斯的看法和奥利沙文一致。他认为，作为一家大型的全球性机构，每天都要艰难地应对很多新情况。最高管理层和企业协会想要下边的人更加的遵纪守法，但具体管理者则希望创造出一种更具有协作性、创造力和竞争力的企业文化。他需要员工具有积极的探索精神，具有丰富的想象力，并且有各种想法和好奇心，能够推陈出新。

< 078 >

如何鼓励员工培养好奇心？

为了实现这个目的，吉斯把每周三分之一的沟通时间用于了解部下当前的想法和思想动态。他总是说："来，说吧，看我能帮你什么？"无论听到何种大逆不道之言，吉斯都不会生气。他顶多眉头微微一皱，耸耸肩，然后继续听下去。他应部下的请求记录或不记录，表现出对员工的完全尊重，让部下感到充足的安全感。这对于员工而言是最有力的鼓励。因此，他带领的部门是极具活力的，业绩高速增长。

我们要瞄准未来。领导力沟通课的主要目的之一，是帮助有雄心的企业家和管理人员能够打造一支优秀的团队，并且引领团队在未来的竞争中拥有一席之地。所以真正具有好奇心的人才在未来将会备受青睐，卓越的企业希望雇佣那些能够自发学习，且具有强烈的学习渴望的人，以及能够解决难题和在沟通中提出尖锐问题的人，而不是仅仅照章办事或者机械地表示服从和完成任务。好奇心强大的员工不好沟通，肯定也不好管理，因为他们的兴趣和激情会让他们从不按常理出牌。这样一来，与员工沟通就对管理者提出了较高的要求。不过，我们仍然要鼓励他们尽可能地表达出自己的好奇心。这对团队的未来是利大于弊的。

支持员工思考有深度的问题。给有好奇心的员工提供现实而具体的条件，帮助他们探究得更深、更广，思考那些有深度的问题，并最终得出答案。换句话说，对于那些有好奇心的员工，你不能仅是口头赞赏（说说而已），还要有实际的支持行动。

对创造性观点及时交换看法。有一些才华横溢的人有能力把不同领域的知识创造性地连接起来，然后，产生一些富有巨大价值的新想法。比如乔布斯和他的那支创新型团队。在管理有多学科背景员工的团队时，对员工提出的创造性观点，我们要及时地与之交换看法，形成一个鼓励创新和培育好奇心的良好氛围。你在这方面做得越成功，员工就越愿意向你敞开心扉。

< 079 >

本章问题清单（Punch List）

◆ 你认为员工为何不说真话？

× 做了错事，害怕承担责任。

√ 与公司和上级的沟通存在误解，无法承担说真话的后果。

◆ 如何才能不让员工讲套话？

× 制定针对性的规定，要求员工实话实说。

√ 管理者要以身作则，并让员工的"实在话"得到回报。

◆ 如何处理员工"越级汇报"的问题？

× 即便值得理解，也要开除。

√ 及时处理员工汇报的问题，并具体情况具体处理，不要开除员工。

◆ 怎么回应员工的"好奇心"？

× 好奇心害死猫，员工只要有执行力就行了，不要多想。

√ 鼓励好奇心，借此培育创新型的沟通文化。

< 080 >

第六课

鼓动（Agitate）：
不是画饼那么简单

◆团队士气低落时，提出现实的目标非常重要。一是团队的脱困目标，要让全员参与进来，制定企业的业务目标，一个挨一个地解决难题。二是个人成长目标，要激励人心，就得为员工创造学习培训的机会，实现他们个人的成长目标。

◆要说服员工，动员下属，我们就要说到要害、节骨眼儿与关键问题上，别顾左右而言他，要用严谨的数据、客观的事实让员工对未来产生信心，对自己的上司心服口服。在和任何人沟通的时候均是如此，没有什么东西是比"事实"更具有说服力，说到关键才能沟通出效果。

◆并不是员工不喜欢赞美之词，而是你的赞美方式存在问题。面对不同的员工，应该选择不同的赞美语言和赞美方式。有时你要在年龄上加以区分；有时你要在身份、性格和性别上有所区别，务必灵活对待。

◆卓越的激励语言能够使一个不怎么优秀的人变得出色，因为这种语言给了他希望，催人奋进，让他勇敢地向目标冲刺。管理者要使自己的语言富有激励的作用，能够对人起到正面促进的作用，可以让员工感受到积极的力量。

40 士气低落时，"画饼式"沟通不管用

我们公司成立初期，业绩比较差，一是打不开市场，二是资金始终跟不上，导致员工人心涣散，士气低迷。当看不到希望时，人们就想离开，所以那几个月人员流失非常严重，最少时仅剩了3个人。公司也换了更小的办公室，从市区写字楼搬到了市郊。我们不断地招聘，但新员工来了也留不住。开会时的情景至今回忆起来仍令人唏嘘不已：每当碰头时，几个人便各自抱着一堆数据垂头丧气，说话都没有一点儿底气，谈项目时也没有把握。在这种情况下，我这个公司老大的权威也没有了，公司的决策也得不到有效的执行。更不要说激励人们打起精神，做大项目，甚至连他们的基本收入也无法保证了。

基于以上情况，我和管理层面临一个生死攸关的问题——为了跳出这个恶性循环，我应该如何鼓舞士气，让团队有凝聚力？采取哪些手段树立权威，让员工同心协力，战胜困难？遇到此类困境时，管理者往往会给员工洗脑，疯狂地开出

< 082 >

空头支票，为员工画饼，以期用梦想打动员工。我见过不少企业老总天天召开会议，握着拳头，声嘶力竭地动员下属：

"加油！兄弟们，现在你有多难，将来就有多成功！未来会好的，只要今天撑住！"

当然，他和管理团队也会向员工许下各种各样的承诺，比如分红计划、股权计划等。前提是度过今天的难关，只要企业不倒闭，一起奋斗的这些雇员就有机会进入未来的管理层，甚至成为公司股东。可是，在大家士气低落时，仅靠"**在空气中画饼**"是远远不够的。人们还希望听到、得到一些实在的东西，特别是看得见、摸得着、现在能吃下肚的"饼"。

展示和提高领导水平

在一支团队陷入低迷时，工作的重点其实不是针对员工，而是要针对自己。我们需要不断地提高领导团队的水平，展示出自己具有良好的组织计划、决策分析、推动变革、授权、指导、激励等方面的强大能力，特别是诚信、正直的品格。这是员工在困难阶段十分关注的。他们希望看到企业领导者的能力。领导者能力强，他们方有安全感。

拿出清晰、可行的目标

这时候现实的目标也非常重要。一是团队的脱困目标，要让全员参与进来，制定企业的业务目标，一个挨一个地解决难题。二是个人成长目标，要激励人心，就得为员工创造学习培训的机会，实现他们个人的成长目标。就是说，虽然公司很困难，但是能让员工从这种困境中获得能力的成长，也是一种有效激励的手段。管理者要从两个方面同时跟员工沟通，把这些环节和他们说透，才能提高团队凝聚力，提升他们的斗志。

必须有一些即时兑现的"饼"

最后，除了"画饼"之外的**物质和权力支持**是不能缺位的。比如，为了扭亏为盈，下属向你请求拨付一定数额的资金，用于开发某个颇有潜力的新项目，你是否同意？为了留住宝贵的资金，你会禁止他们进行业务创新吗？即便薪资水平无法提高，重要员工的职位是否能适当提升，加大对优秀人才的授权力度？这些

< 083 >

现实问题在沟通中要及时解决，即时兑现，还要定期检查和评估兑现情况，奖优罚劣，保持交流。没有能够立刻兑现的"饼"，很难真正起到鼓舞团队士气的作用。

41 为什么你许下的愿无人相信？

对于有的老板许下的承诺，员工嗤之以鼻，当笑话听。原因是什么？

第一，语言缺乏感染力，说不到员工的心里去。简单地说，可信度差。

第二，管理者过去有失信历史，员工早就习惯了。这更严重，说明对于员工而言管理者的个人魅力已起不到激励作用。

作为中国最成功的企业家之一，马云的管理方法中最成功的部分就是对阿里成员"价值观"的塑造和灌输。十几年来，他许下的愿、树立的目标全部变成了现实。所以在员工眼中，马云就是一座"神"。无论企业遇到了什么问题，在员工中，马云都能一呼百应，有极强的号召力。世界上最难的事情就是把自己的想法装进别人的脑袋，让人们无条件地跟随自己。毫无疑问，马云这方面做得特别成功。他不仅是一个天才演说家，还是阿里巴巴的"教父"级人物。每次站在镁光灯下，他那精彩纷呈的演讲，他的慷慨激昂，他的侃侃而谈，甚至无意间说出的一个精辟的句子，都可以成为大家竞相传播的"马云语录"。可以说，这种超强的演说魅力，为阿里巴巴的腾飞插上了精神层次的翅膀。他的鼓动能力显然是超一流的。

和乔布斯一样，马云也是一个卓越的布道者。他的每一次演说，都推动着阿里巴巴的发展。作为企业家，马云不懂技术，也不懂财务，但语言的激励能力却是他与生俱来的特殊本领。他强势的宣传和口才，让淘宝和支付宝的形象深深地刻画在消费者心中，为培养用户一轮又一轮的消费习惯描绘出美好的未来。他超强的沟通能力，打通了公司各部门之间顺利运转的任督二脉，使下属（阿里人）为之疯狂，把他视为心中偶像。

如果他不具备这样的才能，也许在创业之初，那间小屋里的十几个人早就各奔前程了。相反，他们愿意死心塌地地追随他。不得不说，这在很大程度上是因为他在沟通中展示出的超级强大的人格魅力。

< 084 >

近些年来，斯坦福领导力沟通课开始加入大量的中国企业案例，其中以马云的篇幅最重。在沟通方面，马云是一个世界级的榜样。我们看看阿里巴巴的成功，从创业之初到今天，他对员工的信仰植入，对公司愿景的打造，都显示着语言感染力对于商业和团队行为的巨大影响。此外，不仅是马云、刘强东、马化腾、扎克伯格、乔布斯，这些站在金字塔顶端的成功者，都在团队的管理行为中展示出了自己超强的演说能力。

当你懂得反思自己为何说服不了员工时，可以了解一下这些伟大成功者的例子。你会发现他们身上的一个共同点，那就是总能提出一些超越现实的观点，体现自己的前瞻力，然后坚定地兑现这些许诺。

42 为什么"理智型管理者"不受欢迎？

什么是"理智型管理者"？一个理智型的上司其显著的特征是，他具有一种"非人性"的理性，身上闪烁着组织意志。他在与员工沟通时往往忽视了员工的感受，仅仅关注环境背景，重视数据和逻辑水平，不论是说话、思考，还是行动，均力求完美。

用谷歌公司一位主管的话说："我们讨厌这类管理者，他们一张嘴便是复杂的术语、琐碎的细节及详尽的描述，传递出的是令人佩服的理性能力和严谨的逻辑，说话滴水不漏，毫无破绽，可是也没有丝毫的情感。我们认为，这样的上司对谷歌是多余的。我们不欢迎，员工也不喜欢。谷歌是有温度的公司。"

原则性与理性化的行为。 他们的行为往往表现为僵化的原则性、过度的理性化，对制度的执行固执而不灵活，强硬而不符合人性。

追求逻辑性的语言。 他们拥有客观、富有逻辑性的语言，表达既抽象又冗长。时间长了员工就能摸出规律，甚至能精确地预测他下句说什么。因而，他们的观点总是毫无新意。

很少显露情感。 他们总是很严肃，甚至十分冷淡，极少显露情绪，也拒绝和员工进行情感交流，但内心却是极为敏感、孤独和空虚，因此，他们往往行为上追求对员工、团队的控制感。

缺少个人化特征。 他们像是由公司制度和最高管理层的意志塑造出来的"工

< 085 >

业化产品"，从语言到形象均是如此。比如，沟通时身体姿态是端正的，笔直地站立，标准地坐下，面无表情，眼神凝重，一本正经和滔滔不绝地发表看似绝对正确的意见，习惯进行逻辑性地阐述，发言时从不犯低级错误，但也没有创造力。

我的一位行政经理安菲尔德·李就是典型的"理智型管理者"。我在7个月的时间内曾经收到83个指向他的投诉，员工纷纷表达对他的不满。需要强调的是，他在行政经理的任上一共就待了7个月零15天。这是一次错误的任命。他的管理风格影响了与下属的日常协作，以至于人们拒绝和他交流。如果实在躲不开，就有样学样，用他的风格回应他。安菲尔德·李的工作当然是认真的。他很会进行系统的思考，对工作做全面地分析，对市场完成很细微的调查研究，沟通时也一板一眼儿。可正是因为他太理智了，我发现他不适合做行政部门的经理，最终将他调去了技术部门。

"理智型管理者"的优点

第一，对重大决策能够做出正确的判断。

我们可以看到，理智型管理者在重大决策的时候总能发挥他们系统思维的能力，对团队产生正面的积极作用。在重大问题的讨论上，他们的判断力比其他人精准，逻辑严密而且善于推理，具有犀利的洞察力。

第二，善于战略规划和系统搭建。

另外，在对团队的管理中，他们也擅长搭建组织层级和制定战略规划，这是系统思维的优点，是理智人所能取得的成果。员工不喜欢他们，是因为这类管理者太冷静了。相反，恰恰是这种冷静能为团队带来比较好的战略。

员工为什么不欢迎"理智型管理者"？

第一，他们做决策的过程比较缓慢。

因为理智型管理者需要大量的数据作为决策基础，只有详细地分析具体数据后才能做出一个客观、中立的判断。这导致他们做一个决定的时间较长，很难即时给出回应。比如："等我考虑后回复你。"这是他们的口头禅。员工在发出请求时往往得不到一个意外的惊喜——高效而富有创意的回复。所以，如果你是这一类型的上司，应该改善和下属的沟通效率，尽量提前做功课，多数问题应该当场

< 086 >

做出决定。

第二，沟通时缺少对员工的关怀和互动。

正如前面已经提到的，理智型管理者在与人打交道的时候显得"很被动"。他们不是十分的关怀和关注下属，有可能也缺少与员工之间的情感互动。为什么呢？理智人的情感世界与工作环境是隔离的。在他看来公是公，私是私，公私分明是他的原则，情感交流被他视为管理沟通的禁区。他可能也并不在乎员工如何看待自己。对于这样的管理人员来讲，逃避情感是一种习惯性的反映，早就习以为常了。

由此，他们不太容易深入自己的团队，无法和每一个员工打成一片。他们也不太可能和自己的合作伙伴进行深层次的情感互动。不要说员工，生活中我们也不太喜欢这种人。所以在团队中他们总是不受欢迎，显得十分神秘和难以接近。这个时候，你要主动清除一些障碍，需要进行自我调整，告诉自己一个新的观点：

"当与别人在一起的时候，人们并没有谴责我，也没有试图从情感上寻找我的软肋，而是希望形成良好的互动。我和下属彼此之间的情感关怀是对工作的一种能量补充，也能加深彼此的信任。如果我能够在与员工互动的过程中多进行一些情感交流的话，他们会更信任我，更支持我。这对我的管理工作会有极大的帮助。"

第三，容易局限于自己的知识面。

因为思维僵化和过于追求原则，遵守规则，相信常识，重视经验，他们在做管理和沟通的时候总有一种根深蒂固的主观倾向——是如假包换的"经验主义者"。理智型管理者重视知识的作用，学识通常比较渊博，大多数为学院派。但是，恰恰因为他们拥有丰富的知识，在做决策的时候往往会被知识所局限，创新能力低，不愿打破常规。在现实的管理中，你会发现，这类管理者对自己所掌握的知识有一种非常强大的执着，决不轻易地改变和妥协。

然而，今天是一个知识更新换代非常频繁的时代。有一项调查数据显示，我们现在的知识平均每三年就会更新一次，而且更新速度将越来越快。所以管理者若还是执着于过去的经验，不主动更新自己的知识库，在员工眼中的印象是无法改变的，与员工的沟通只会越来越难。员工从来不在乎上司懂得多少，只在意能否真正地帮助自己解决问题，学到有用的知识。

< 087 >

43 没有实质内容＝没有意义

有些领导者讲话时云山雾罩，语气激昂，情绪高涨，可员工听了好几遍也没接收到有用的信息，不是套话就是空话。这就是缺乏实质内容。比如"非常重要""高度重视"这样的肯定语，再比如"你看着办"这样的命令，没几个人能理解是什么意思。用词模糊，不但没正面效果，还会起到反作用。正是因为这种故弄玄虚的沟通方式，使得国内企业的基层员工普遍不愿听上司发言，因为经常听得头昏脑涨，也没产生积极热情的力量。

想鼓动员工，就要说到关键

要说服员工，动员下属，我们就要说到要害、节骨眼儿与关键的问题上，别顾左右而言他。要用严谨的数据、客观的事实让员工对未来产生信心，对自己的上司心服口服。在和任何人沟通的时候均是如此，没有什么东西比"事实"更具有说服力了。只有说到关键才能沟通出效果。

领导力沟通课程曾经举办过一个名为"对话"的活动，邀请了300位企业的中层管理者，请课程的主讲人和他们交流。这些管理者在企业中是信息上传下达的中转站，既要向老板汇报，还要收集和了解基层员工的心声，并且与客户进行交流，承担着十分重要的沟通任务。坏消息是，他们也习惯了说空话。

主讲人对这些人提出的建议是：**当你为沟通对象提供参考意见时，最重要的是什么？是讲出可以量化的关键信息，用简洁的语言说明可行性，并让你的听众理解。**想鼓动自己的下属，就必须具备这种能力，养成这种习惯。

空洞的内容讲再多，价值也是零

通用电气公司（GE）的前董事长兼CEO杰克·韦尔奇说："最有说服力的不是你的权力，而是你所讲出来的不可辩驳的事实。"

总的来说，"事实"是我们在沟通时最有说服力的论据。比如，有人非认为地球是方的，那么你和他吵上三天两夜，也不一定有结果，只需拿出地球的卫星图片让他看，事情便解决了。不论多么美妙的谎言和固执的偏见，都经不住事实的轻轻一击。从这一点来说，管理者所讲的内容再多，只要缺乏事实依据，没有

< 088 >

干货，其价值也一定为零，起不到说服员工、动员团队的作用。

44 灵活地运用赞美和批评

在管理沟通中，我们也注意到这样一种现象：我们明明是好意，赞美下属，夸奖他的表现，但对方似乎并不喜欢听。你说了没有效果，有时还让对方感觉到你冒犯他了。为什么会这样？事实上，并不是员工不喜欢赞美之词，而是你的赞美方式存在问题。面对不同的员工，应该选择不同的赞美语言和赞美方式。有时，你要在年龄上加以区分；有时，你要在身份、性格和性别上有所区别，务必灵活对待。

赞美员工要具体到小事，不能笼统，也不能夸张。要注意的一点是，不能"大而空"。赞美的内容一定要有出处，最好能具体到一件事、一句话，让我们的每一个溢美之词都有牢固的基础，经得起分析；要让下属觉得你是在说真话，而不是假意笼络。

除了注意言辞和修饰有度，还要注意把握好时机。就像我们生活中第一次与陌生人见面时，不能一开口就对其大加赞赏，这样会让人感觉你太虚伪，也让人觉得你别有用心。我们要在交流了一段时间之后，或者在交流的过程中，再表达自己的赞美之情。在工作中，我们也要遵循这个原则。

除了赞美，还有批评。在对员工进行批评时，管理者需要遵守三个原则：

第一，要选准时机。批评的时机非常重要，比如，这件事过去的时间太长，你再旧事重提，就不恰当了。要在刚发生不久便开口表达你的意见，即使不能当即解决问题，也要在这件事还是一个话题时说出你的观点。

第二，要选对比喻。比喻不当，批评也会变成悲剧。无论你打的比方多么幽默、风趣，其本质还是一种批评。所以，既要展示自己有趣的说话风格，也要直观地传达出批评的意图，不要拖泥带水。要做到让员工听起来易于理解，当场就能接受你的意见。而不是听完之后一头雾水，还要回去自行琢磨才能明白你到底有什么不满。

第三，自身一定要正。这是所有批评的前提，就是你身正不怕影子斜，经得起人们（下属）的评头论足。如果你本身做了应该被人指责的事情，那么，你对

< 089 >

员工的批评再辛辣，气势再充足，也是没有意义的。所以，管理者在开口批评员工之前，应确保自己言行端正，没有在这项工作中犯下错误。

管理者自己必须做到以身作则，否则，你说的话便没有"含金量"，是无法让员工信服的。如果你既没有能力，也没有好的作风，不论赞美还是批评下属，效果都不会好。

杭州有一家企业的部门领导特别喜欢教育下属要"懂得珍惜时间"。他不但让下属在工作时间努力工作，不要偷懒，还要求他们在闲余时间也要注意学习，不要浪费生命。有一次，在午饭时间，他看到一名员工在玩游戏，又开始生气了。于是他就拿这位员工当典型，当着全体员工说：

"我对你很失望。现在竞争很激烈，部门的业绩压力很大。你一闲下来除了玩游戏，就是发呆，我们的工作怎能有突破呢？长此以往，你的这种行为也会传染给整个团队，以后必须改正！"

他说的话确实有道理，但却起不到什么效果。为什么呢？就在他讲得唾沫乱飞的时候，这名被训的员工便悄悄地嘟哝道："你自己都在办公室里玩一天的游戏，哪有资格说我！"

你看，这就是问题。不论是批评，还是肯定，要让人信服，首先管理者自己的言行必须经得起推敲，能在员工面前起到榜样作用，为大家树立一个正面的形象。其次管理者才有底气去当面纠正下属存在的问题，督促他们做得更好。否则，管理者的话就很难产生激励的效果，因为大家都不会信服于你。

第一，管理者自己做不到的事情，就没有资格要求别人做好。

第二，在对人们提出要求的同时，管理者要以身作则，起到榜样作用。

45 "价值再造"沟通法则：帮助员工重塑信心

"找到价值"是建立信心的基础

我在管理中发现，当一个项目完全失败时，是和员工比较难沟通的时期之一，团队的整体气氛很难提升。一方面，项目失败了，给公司造成损失，收入下降，大家的物质期待化为泡影；另一方面，员工会自我怀疑："我到底行不行？"

< 090 >

这是员工个人的信念系统出现了问题。在这个时候，如何沟通十分考验管理人员的沟通方式和情绪管理能力。经过多次的体验和尝试，我认为，帮助员工找到新的价值，挖掘他们的潜能，是重塑员工信心的必由之路。有了强大的信心，才能再次鼓舞他们的士气，去迎接新的挑战。

唤醒人的"自我激励之心"

就像前面提到的，公司困难时因为业绩和合并等原因，不到 3 个月我的公司就陆陆续续经历了招聘、裁员、重整等剧烈变故，一度只剩 3 个人。我以 3 个人为核心再次增员，逐渐恢复到了 12 到 15 人的规模。那段时期，团队的人数是小事，士气才是大问题。大家一度看不到希望，怀疑还能不能把公司的战略执行好。

为了让公司变得景气起来，我不得不想一些特殊的办法，比如带着剩下的员工去听课，请著名企业的经理人过来传授经验，也请专业机构为员工量身打造培训计划，激励他们的信心。这些都起到了一定的作用，但更重要的是我和员工的直接沟通，唤醒了他们自己内在的驱动力。

第一，从失败的工作中找出"闪光点"，和员工分享，肯定他们的贡献，避免出现"一无是处"的总结。

第二，系统性地分析员工的优点，和团队的需求、目标结合起来，进行"价值再造"："我们一定能完成某个目标！"

通过这两项工作，我和 4 到 6 名核心骨干反复沟通，总结了过去的教训，分析了我们的优势，首先确立了核心团队的信心。然后，我们分头行动，和新员工逐一谈话，定期交流，为他们加油鼓劲。我们明确了新的方向，一步一步地将失去的信心和士气找了回来。

当团队遇到困境时，管理者特别容易产生愧疚的心理，觉得这些是自己的责任，因此对不起员工。出现这种情绪很正常，但应该尽快消除。因为员工比你更消极。管理者应当理解员工为什么会产生这些消极的情绪，并且通过及时的引导和沟通，帮助他们树立新的目标，摆脱负面情绪，同时，分析未来潜在的机遇，和员工共同努力。团队只要比以前更团结，我们的工作就是称职的。

< 091 >

46 讲一讲你的过去，说一说你的经验

吴经理在北方的一家贸易公司供职。关于如何在工作中引导团队的思想，他非常有心得。他的部门里面有一个技术人员小郭，虽然在这里已经工作了很长时间，却一直是跟别的同事打一打下手，没什么发展机会。不过，小郭的能力很强，只是因为和公司的一位高管有一点儿过节，一直得不到升职的机会。

最近，吴经理听别的同事说，小郭萌生了离职的念头，而且他已经开始投递简历。不少公司给他打来了面试的邀请电话。吴经理对此看在眼里，也记在心里。他不想让这样的人才离开团队，投到竞争对手的门下。

这一天，公司刚开完一次招聘会议，吴经理在会议结束的时候总结道："很多领导觉得咱们公司现有的人才太少了。其实，我觉得不是人才少，而是我们没有发掘出来。当我还在以前的单位时，那家公司的经营状况和我们现在差不多。当时，为了响应总公司的号召：'决不能让一个人才埋没！'我们进行了一次完全隔离的考试，就是为了让那些真正有才干的人突显出来。你猜怎么着？这一测试不要紧，很多一直在基层服务的员工居然比他的上司还有能力。这下可好了，金子总算发光了。我记得当时获得第一名的是一个和我有矛盾的人，一位一直没被我提拔的员工。那次考试之后，我意识到了自己的错误，立刻把那名员工提了上来。他的工作能力非常出色，现在成了公司的副总。我们公司其实有不少能干的人才。只要我们撇下那些私利，让能者有其发挥才干的舞台，我相信，过不了多久，人才会像雨后春笋般从公司内部冒出来。"

吴经理用自己的亲身经历现身说法，起到了榜样的作用，委婉而又明确地暗示公司的另一位高管，不能因为个人恩怨而埋没人才。作为管理者应该着眼大局。这种沟通的方法，显然比讲大道理更有说服能力。

以自己的举动和经历来感染别人，用自己的亲身经历和体验为例来说服别人，往往比道听途说、引经据典的沟通更为有效，也更为有力。因为人类的情感在很多层面都是相通的。当一个人以自己的亲身经历向同事诉说或者讲述某种道理时，对方也会产生同样的感触，引起内心的共鸣，会进一步联系到自身，检讨自己的行为。这样管理者的推己及人，就能够成功地起到劝说别人的作用。

< 092 >

47 打开员工心中的"欲望之门"

那些万众瞩目，魅力超群的管理者在沟通中都具有一种令人信服的力量。他们说出的话总能使人受到鼓舞，令人振奋，甚至甘愿为其赴汤蹈火，成为他的死党。同样的话，从一个"不懂激励"的上司嘴里讲出来，力道就会削弱很多，让人觉得毫无滋味，听起来不痛不痒。这是因为没有掌握激励的技巧，抓不住员工的心理，所以才显得毫无效果。

有一天，一位非常著名的小提琴大师接待了一名年轻的访客。这位年轻人风尘仆仆，不远万里赶到这里。他背着自己心爱的小提琴，请求大师给他一点儿时间。他想演奏一曲，请大师给自己一点儿参考意见，看看自己到底有没有演奏天赋。

短暂的演奏之后，年轻人向大师鞠了一躬，紧张地等待大师的评价。大师的脸色很严肃。他感觉年轻人的演奏技巧还算娴熟，但确实谈不上天赋。于是，他不留情面地对年轻人说："你根本没有天赋，放弃演奏小提琴，去找份糊口的工作吧。"被如此评价的年轻人很沮丧，背起小提琴向楼下走去。就当他推开大门，将要彻底消失在大师的眼前时，大师突然在二楼探出头对他喊到："年轻人，等一等！"

年轻人回过头，听到大师对他说："我不会收回刚才的话。但是，我要告诉你，我年轻的时候，他们也是这么说我的。"多年以后，这位年轻人成了著名的小提琴演奏家。在一次采访中，他充满感激地对着镜头说："我至今都很感激一个人。如果不是他最后那句话，我现在一定还在某个简陋的办公间里面上班。"

这个故事里的大师对年轻人说的话，最开始是真实的评价，却严重地打击了年轻人的自信；而最后的激励之言，却像黑暗中的一束光，给了年轻人无尽的力量，打开了他内心的欲望之门，给他树立了一个远大的目标。就好像在说："只要你相信自己，你总有一天会变得很有天赋。"

卓越的激励语言能够使一个不怎么优秀的人变得出色。因为这种语言给了他希望，催人奋进，让他勇敢地向着目标冲刺。管理者要使自己的语言富有激励的作用，给人以积极的力量，就得注意技巧，了解员工的目标，采取有效的方法打开他们心中的欲望。鼓舞一个人的斗志，从来不是别人的期待，而是他自己对成

< 093 >

功的渴望。

第一，不要只激励那些看起来最有上进心的人。

第二，不要提出不合理的期待。

第三，不要只用薪资去打开员工的欲望。

第四，不要有区别地公开评估员工的素质，比如分为三六九等。

48 如何让"形象化的描述"带来沟通的高回报？

和西方人相比，我们中国人更喜欢形象化的思维方式。例如图文并茂或有具体的参照物，让语言转化为可视的形象，而不是干巴巴的口头、书面语的信息交换。体现在沟通中，"形象化的描述"效果也更好，能够给人留下深刻的印象，产生清晰的、触手可得的画面感。

激励，要"简洁易懂 + 形象化"

第一，简洁易懂。比如："任务完成后，每超额 100 元奖励 5 元。"这是对业绩提成的描述，比"超额部分按 1% 发放奖金"更加形象，吸引力要强。前者员工一听就懂这是一笔什么账，马上便能心算出自己能得到的具体数额，后者便不好理解，因为这是完全的书面语。

第二，形象化。比如："你今年完成既定目标，就能坐进这间办公室看海景了。"比"等年底目标完成，我升你做部门经理"更形象化和让人心动，前者说出了体验感，后者只是干瘪的承诺而已。

使用符合期待的"形象化语言"

抓住员工心中的需求点，为他们描述相应的回报。有个成语叫："种豆得豆，种瓜得瓜。"首先，员工努力为了什么和如何努力的，决定了他们得到的回报。这符合"回报与价值匹配"的原则；其次，员工想要什么，和你承诺的回报应该是对应的。你的承诺要符合他们的期待，而不是南辕北辙。

< 094 >

本章问题清单（Punch List）

◆ 团队士气低落时，你是"画饼型"沟通者？

× 画饼是最基本的激励手段，应该时时使用。

√ 画饼要结合现实的回报使用，否则，员工就会越来越不放在心上。

◆ 你是员工眼中的"理智型管理者"吗？

× 是，我不苟言笑，而且，认为这是应该的。

√ 不是，管理者应该在沟通时体现出激情和感性的东西。

◆ 你认为赞美和批评应该如何运用？

× 想说就说，不必有顾虑。

√ 要结合实际情况灵活使用，考虑到员工的个性等因素。

◆ 你会跟员工讲述自己的过去吗？

× 不会，管理者要保持神秘，让员工去猜。

√ 会，而且，应该向员工传授自己的经验，很有效果。

◆ 如何激励员工的野心？

× 倡导赢家通吃的狼性文化，建立残酷的竞争机制，优胜劣汰。

√ 既鼓励优秀的员工实现目标，也要给天赋一般但很努力的员工相应的机会。

◆ 你认为在激励时形象化的语言重要吗？

× 将承诺说到位便可，使用什么语言不重要。

√ 非常重要，形象化描述更有吸引力。

< 095 >

第七课

共情（Empathy）：

引发共鸣的正确方式

◆ 80后和90后的年轻人对沟通方式有自己的理解，对自己在团队中与同事的关系有自己的认知。他们不再是过去强调高度服从、高度纪律性的一代，开始追求公平、公正的互惠关系。即：同事（上级）如何对我，我就如何对同事（上级）。

◆ 作为管理者，无论你多么的开诚布公，员工都不可能对你无话不说。即使他是你安插的心腹、亲戚，时间久了也会被染色，不再事无巨细地给你汇报。

◆ 我们应该为每名员工准备好一张调查表，除了记录他们的基础信息，也要统计他们的兴趣爱好，对他们的一举一动保持好奇心，想一想员工做这件事是为什么，爱喝什么咖啡，穿什么衣服，用什么化妆品，喜欢什么体育运动，是谁的球迷？这些你全都了解并记录在案了吗？

◆ 员工不愿与上司分享想法和问题的最大原因，并非是对上司的憎恶，也不是不想为公司做贡献，而是认为管理者不会就意见采取任何行动。当被问及为何在沟通中保持沉默时，员工提到最多的原因是"自己说了也没用"。

49　为什么你非常愿意沟通，员工仍然觉得你冷酷？

为什么你愿意沟通，员工仍然讨厌你？

谈到沟通，许多企业的管理人员很委屈："我不是那种冷漠的上司啊。平时我对下属很好，也愿意和他们对话，甚至创造机会和下属谈心，提供了多元化的沟通渠道。可是收效甚微，下属很少积极地给予反馈。"

但是，站在员工的视角，他们看到的上司却是这样的形象：独裁、城府深、冷酷，从不通情达理，不体谅下属。这属于两个不同的视角。管理者和员工对沟通的困境都感到迷惑，都觉得自己是主动的一方，是对方不领情。我们有没有想过，对方的内心究竟是怎么想的，哪些方面出了问题，才导致沟通上存在这么大的误解？

< 098 >

沟通是一个"三同"的过程

第一，同情。有一颗基本的良善之心，同情对方的遭遇或者生活状况，希望对方过得更好。不过，也要注意同情的方式，避免伤害到对方的自尊心。因为人是很要强的，即便希望获得同情也不想表现得太明显。

第二，同意。可以关注对方的观点（与自己不一致的观点），在理解的基础上协商、引导，解释自己的看法，慢慢地让对方接受。

第三，同化。这是我们和人沟通的最终目的，不是淹没对方的思想，而是和对方达成一致，在思想、观念、观点上趋于一体。

没有共情，就没有共鸣

放下怨气，看一下"三同原则"中的这三个代表词，在你和员工之间的对话中缺了哪一个？现实中，大部分管理人员只记住了最后一个词——用尽一切手段同化员工，要求团队向自己的立场看齐，却从不关心他们在想什么，遇到了哪些麻烦。这就是没有共情的表现。你和员工没有共情，团队也就和你没有共鸣。

现在，80后和90后的年轻人在工作中对于沟通方式有自己的理解，对自己在团队中与同事的关系同样有自己的认知。他们不再是过去强调高度服从、高度纪律性的一代，开始追求公平、公正的互惠关系。即：同事（上级）如何对我，我就如何对同事（上级）。这是对共情的要求。上司单方面、粗暴的沟通方式会使得他们内心中产生强烈的反抗意识。只是他们因性格不同，采取的反抗方式不同而已。但是，不论这种反抗方式是消极怠工，正面冲突，还是其他任何形式，都意味着沟通的失败。

比如：你以为自己很有诚意了，其实员工觉得你是在演戏。他们不会理解你，因为你并不关注他们在想什么。

千万别一本正经地说教

在我的调查中，年轻员工最讨厌管理者的一种行为是"谈话时一本正经"，动辄讲道理，形而上地大谈一些尽人皆知的东西，完全不顾实际情况，不关心员工的心思。所以沟通中一个尴尬的局面是，管理者明明做了充分的准备，可却跟下属聊不下去，说不了三两句便"道不同不相为谋"了。

< 099 >

年轻员工具有前人所没有的"反叛精神"——不是垮掉的一代，而是蜕变的一代。他们对传统、守旧的思维体系极为反感。因为他们是看着《大话西游》和《生活大爆炸》长大的，渴望自由，希望生活和工作中的一切是有趣的，人们之间是互相尊重的。他们需要一个能够共情的世界，而非一个古板的上司。上学时，父母的严肃和老师的谆谆教导已经够烦了。工作后，他们不想再有这么一个人整天在耳边说那些已经重复一万遍的内容。

所以，当你一本正经和苦口婆心地开始说教时，员工在想什么呢？在他们的脑海中，你可能是一个滑稽、可笑的唐僧形象，甚至是一只嗡嗡嗡地飞来飞去的苍蝇。不要絮絮叨叨，否则，员工听不进你所说的任何内容，也不会有任何反应。

50　如何让员工"畅所欲言"？

让员工无话不说是"地狱级难度"

有许多的"重要信息"你没获知——尽管与数人做了沟通，这是因为员工们集体默契地对你有所保留。你自信地以为他们说出了你想要的信息，事实却是相反的。例如，某一个糟糕的项目，表现奇差的员工，营私舞弊的运营官，下属有意隐瞒这些信息。还有一种可能是，员工们觉得就当前的沟通方式而言，他们多说无益，说了也没有好处。

作为企业的管理者，无论你个人是多么的开诚布公，员工都不可能对你无话不说。即使他是你安插的心腹、亲戚，时间久了也会被染色，不再事无巨细地给你汇报。斯坦福大学前几年的调查也显示，基层员工宁可保持沉默，也不愿质疑工作方案，或者向上级提出自己的新观点、新见解。要想改变这一点，无疑是地狱级的难度。即便你以为自己是奉行了广开言路的政策，也逃脱不了这种现象。

你当然不是一个闭目塞听者，你很开明，也很正直，可员工对此并不关心。更多的时候是他们没看到或者不相信。请认真地想一下：**得力干将多久会来办公室见你一次，对你和盘托出工作中的真相？**

< 100 >

为什么员工不想跟你"共情"？

事实是，拥有下属无条件爱戴与信任的上司是极少的。员工总是担忧你会觉得他们的无话不说是意有所指，比如针对你的管理权威。在互信度不高的情况下，他们也不想让自己显得无所不知、妄自尊大，在你心中留下浮躁和爱表现的坏印象。

为什么员工不想跟你"共情"？总的来说：

第一，惧怕多说话的后果。比如，尴尬，被孤立，绩效考评低分，无法晋升，甚至遭到解雇。

第二，觉得说了也改变不了现实，有无力感。

第三，为了安全，他们希望依靠匿名反馈。

企业领导者现在运用了各种工具鼓励员工畅所欲言，希望他们拿自己不当外人，有时也运用金钱奖励，尽管出发点甚佳，可始终无法奏效。至少在我接触的大大小小、国内外的公司中，达到目的的企业不多，沟通质量还是上不去。

现代管理学之父、《卓有成效的管理者》的作者彼得·德鲁克早就看透了这一切。他认为，员工在组织中"收紧嘴巴"是一种生存本能："为什么人们宁愿匿名给上司写信？**如果没人知道是谁说了些什么，就不会产生后果。**因此，人们在匿名时会开诚布公。但在公开谈话中，他们表现得像一只谨慎的松鼠，**公开发表个人观点并不安全，除非管理者有极大的勇气对这种担忧给出彻底的解决方案。"**

这意味着管理者需要进行信息访谈、收集证据和其他数据，特别是分析员工的真实心理，倾听他们的心声。但是，所有这一切都需要和员工一对一、面对面地交谈，询问他们有所保留的原因。如果我们选择某一具体事件作为突破口，从细节着手，比如，当员工抱怨公司的某种不公时，抓住机会进行沟通，往往能收到比其他方式更好的效果。

别指望员工主动

在美国一家世界 500 强公司的客服部门，负责管理一线员工的主管普里奥十分尽责，是一位想在团队关系方面有所作为的上司。当员工提出问题时，他不仅表示关心，还积极地采取行动。他也迫切地想知道和满足他们各方面的需要，以至于看到有人闷闷不乐时也想专门安抚。他拿员工当自己的家人，希望构建一个

< 101 >

有温情的团队。尽管如此，但是，员工几乎从不向他提交问题，比如，改善客服效率的书面建议，口头意见等。

为什么会这样？普里奥对此陷入不解和沉思。后来他找到了原因：

第一，他广开言路的策略和态度显得过于消极。这个邀请是模糊的，不是清晰的。员工依旧须主动地接近他进行对话，这是很令人生畏的。

第二，他的办公室位于上一楼层，是一个套间。员工想见到他需要坐电梯上去，走过至少 3 扇关闭的门，还要经过 2 位助理。

前一个原因使员工对他的态度心存疑虑，不确定他是真诚的，还是在钓鱼执法——谁敢畅所欲言，也许就要卷铺盖滚蛋。后一个原因导致一百多名下属中有一多半平时几乎从未见过他。许多人对他有强烈的陌生感，不敢也不愿接近他。要知道，只在开大会时现身，平时隐身的管理者是严重不合格的。

普里奥的行为在本质上是指望员工主动。他可能会想："我这么开明，员工应该会积极地向我汇报啊？"多么美好的设想！但即便真有员工鼓起勇气找上门来，有些事他们也不会吐露，例如那些令人缺乏安全感的事情。当普里奥对某一方案深表赞同时，员工可能因为怕冒犯他个人，而不敢对其提出建设性的批评意见。这种情况下，让员工畅所欲言是不可能的。员工的策略是说一半留一半，和他进行试探性的沟通。

总之，采取被动的开明策略的管理者无法实现与员工的共情。并且，我们对不同国家的上万名团队管理人员和普通雇员的调查充分证明了这一点。有一次，斯坦福领导力沟通课选择了两组企业员工进行测试。假设他们在一个部门负责开发新产品，突然得知该项目遇到了重大的技术问题。他们必须向老板提出中止该项目的建议，以防其酿成不良后果。第一组接收到了上述信息，第二组接收到的信息中多加了一条：该公司老板投入巨资要做好这个项目，且已耗费了大量时间。结果不言而喻，第一组有 67% 的员工提出了中止该项目的建议，第二组则没有一个人。

参加测试的第二组的一名企业员工说："这无异于激怒老板。虽说公司表面上鼓励大胆直言，言者无罪，但通常倒霉的正是提意见的人。除非老板已经发现了问题，并且主动要求我们发言，否则，我不说一个字。"

不要发出"我是老大"的信号

最后是一项基准原则：别时不时地提醒人们，你才是这儿的老大！尽管事实

< 102 >

的确如此。这种提醒一定会致使员工更加缄默不语，因为你释放出了一个微妙的权力信号，向下属彰显你的权力和压迫性。你在向他们强调等级秩序。社会心理学家、哈佛大学的组织心理学教授 J·理查德·哈克曼称之为"**氛围促进因素**"。

比如，有一天，当你的手下终于鼓起勇气走进你的办公室。他怀着对公司的忠诚，对你的信任，想把自己的所思所想一吐为快，希望得到你的重视。这时，他却看到你靠在椅子上，将双臂抱在了脑后，正懒洋洋地看着他。你可能觉得这么做是一个轻松随意的动作，可以让气氛不那么僵硬，其实却是在向员工宣告自己的统治地位。那么，就算你心里没这么想，员工也立刻变得小心行事了。他会马上改变主意，转而执行 B 计划——告诉你一些不咸不淡的信息，时间到了便恭敬地离开。

51　你关心过前台用什么化妆品吗？

10 年前，我是一位喜欢跟前台聊天的美国公司人力资源副总裁。我每次到公司经过前台时，都会对那个胖胖的、已育有一儿一女的白人女子克里斯蒂娜微笑，然后开玩笑地说："哇，今天你洒的雅可布（美国香水品牌）多了一点儿，是香水专柜有促销活动了吗？"她每次都十分谨慎地回以笑容，一句话也不说。但是我知道，每当有员工和她聊天抱怨公司的某些事情时，克里斯蒂娜都会建议他找我谈谈。她认为我是位好老板，一定能解决那些问题。

一个合格的管理者能够关心和记住员工生活中的细节、习惯、癖好，不要求像录像带那样精准，随时都能够"复播"，但起码也要了解一些基本信息。你对员工了解得越多（且让他们知道你了解），他们对你就越信任，遇到问题时便愿意和你沟通，寻求和你的共鸣。因为这说明你是一个懂得关心下属的上司。这就是共情的体现。

请准备好"员工兴趣爱好调查表"

在一些知名企业，他们的管理者比你更有号召力的奥秘是什么？这些企业的主管和员工的关系是非常融洽的，团队的工作效率也非常高。其实没什么特殊的本领，根源是他们的管理者有高超的沟通技巧，而这种技巧又来自于他们对员工

< 103 >

的充分了解、知根知底。这些管理者真正地喜欢员工，将员工当作朋友，才能高效地激发出他们的工作潜能，为企业创造价值。

全面的了解，来源于专业的调查。每一位下属都渴望得到上司的认可，也渴望得到企业的关怀。这是不会改变的。而且，这也是企业雇员的基本需求。只有管理者真正从内心深处关心员工，对他们做全面的了解，尽最大可能地满足员工内心的需求，才能与员工形成共情，才能在员工中产生共鸣。只有这样，才能让他们全身心地为团队做贡献。而全面的了解来源于专业的调查，我们要从简历、日常沟通和对员工一点一滴的观察中收集他们的信息，专业地拼图、建模。不要把员工符号化，也不要数字化，要用温情的目光审视他们，才谈得上"了解了这个人"。

一张"员工兴趣爱好调查表"可以帮你解决这个难题。我建议企业管理者（从高层至中层的各级主管）为每一名员工准备好一张调查表，除了记录他们的基础信息，也要统计他们的兴趣爱好。对他们的一举一动时刻保持着一颗好奇心。想一想，员工做这件事的目的是为什么，爱喝什么咖啡，穿什么衣服，用什么化妆品，喜欢什么体育运动，是谁的球迷？这些你全都了解并记录在案了吗？兴趣爱好是决定一个人人生走向的主要驱动力，也是影响员工工作风格的重要因素。针对他们的不同兴趣和特定爱好，管理者能从容地制定沟通策略，及时地抓住需求点，成功地从员工那里获得好感。

帮助他们，从细节入手

其次，是我一再倡导的原则——**从细节入手关心和了解员工**。就像克里斯蒂娜的香水，很普通的细节，普通到说出来无人关注，且有些好笑的程度。但这并不是一个闲得无聊的问题，是一个表示"我很关心你的生活"的信号传递。在这个关注细节的过程中，除了对员工本身的个人情况有所了解之外，还能创造机会务实地帮助员工的生活，为他们解决实际问题。比如，我在和克里斯蒂娜沟通时无意间听到她的孩子在运动时软组织挫伤，她却不敢请假。于是，我主动允许她带薪休假一周去照顾孩子。在员工的生活有困难的时候，管理者应该给予一些力所能及的帮助，解决他们的后顾之忧。当你有需要时，员工必然会百倍的回馈于你。

< 104 >

52 员工的状态，你表示过理解吗？

员工在工作中表现出来的焦虑、疲惫、压力，你虽然很同情，但你在语言和行动上表示过理解吗？

黄先生是中关村一家公司的部门经理。工作中他经常自恃业务技能纯熟，深受公司重视，因而轻视自己手下的员工，总觉得他们笨手笨脚，做事总是拖泥带水，实在扶不上墙。有时候，当员工无法及时完成自己交代的工作时（晚了一点点时间），黄先生甚至会大声训斥，话语中充满了厌恶。在平时的沟通中，黄先生总是粗声粗气和使用极不耐烦的语言。

很显然，黄先生这样对待自己的下属，部门工作也别想顺利地开展，工作越来越不顺利。他不喜欢自己的员工，员工当然也不买他的账，大不了辞职走人。于是，人员流失率上升，写辞职信的人越来越多。他的能力再强，时间长了这个部门的工作效率也会急速下降，很快便位列公司末尾。

公司董事长看不下去了，把黄先生叫到办公室谈话，严肃地对他说："一个团队管理者不仅要自身能力强，还要让员工变强。你要学会去喜欢甚至爱上自己的员工，并且帮助他们。因为是他们在为你创造财富，赢得荣誉。你只有真正地和他们推心置腹地交谈，才能让他们设身处地地为公司着想。所以你不能只想自己，也要理解员工，看一看他们究竟哪方面出了差错，与他们共同进步。"

这就要求黄先生放下以往的架子。有时候，只是需要他转换一下沟通的方式便能够达到意想不到的效果。例如，当黄先生像上次那样准备开口斥责时，不妨换一个语气："看你没睡好，是不是昨晚加班到很晚？""状态不好，平时注意休息！"这是人人皆知的温情牌，但就是有效，屡试不爽。在平时的管理中，应注重关注和理解员工的身心状态，而非一味地批评、嘲笑。一张冷漠的脸换不来员工的回报，只有向员工表达你的关心才能鼓舞员工，进而不断提高他们的工作效率。

第一，理解和宽慰员工的痛苦。

是人就有七情六欲，诸如焦虑、害怕、悲伤或低落的情绪在工作中十分平常，管理者也不能免俗。既然你十分在意自己的痛苦，那么，也要关注员工的痛苦。当员工有负面情绪时，要表示理解，要开口宽慰，而不是冷眼旁观，置若罔闻。在管理中，我很注意对雇员情绪和心理状态的观察，定期和他们谈心，希望能够帮他们

< 105 >

减压，进行"**抚慰式谈话**"，这几年收到了很好的效果。总的来说，别眼睁睁地看着你的员工处于痛苦中，适当地拉一把，他们会非常感激你。

斯坦福大学的心理学教授尼克尔斯为几百家企业做过沟通管理方面的咨询。她说："管理中最失败的倾听，就是告诉员工不要这么想。"这是最差的抚慰，就像我们听朋友抱怨时随口而出的"没事的，会好起来的"一样，这句话简直是一把杀人不见血的刀子。因为这不是对方想听到的，而且更像是在暗示对方闭嘴。尼克尔斯提供的方法是，当你倾听人们的苦恼和痛苦时，你只需要表达出你很重视他们即可，特别是要列出对方的优点（做得好的那些事情）。当员工觉得自己一事无成时，会对此感到很沮丧。因此，当你表示理解之余，列出他所有的做成功的事情，他的感觉就会好很多。

第二，为员工留出"倾诉时间"。

"在一个糟糕的状态中，任何美好而温暖的东西都会给你一些舒适感。"谷歌公司的墨西哥裔开发师阿尔瓦雷斯说，"一位时间珍贵的高管就那么安静地坐在你面前，全无怨言地充当你那些杂七杂八的坏情绪的垃圾筒，仅此一项就足以让我感动。还有什么坎儿是过不去的呢？"

我们很难分辨出员工什么时候需要倾听，什么时候需要宽慰。这很难精确地判断，团队的人太多了，不同的部门，复杂的分工，一家公司有形形色色的人。但是，有一个简单高效的做法——专门留出"倾诉时间"，把表达负面情绪的机会让给员工。他们想说什么，就说什么，你只需要听就好了。就像尼克尔斯说的："自我怀疑，担忧，或者纠结于某些问题是否有更好的解决方案，此类的内容重复越多，员工就越焦虑，就越需要上级的宽慰。所以给他们这个机会，你倾听的时间越长，反过来，你被他所理解的可能性便越大。"

53 学会在最佳时间说"对不起"

有一次，华为创始人任正非转发了一篇名为《寻找加西亚》的帖子，内容是这样写的："加西亚，你回来吧！孔令贤，我们期待你！……是公司错了，不是你的问题。回来吧，我们的英雄。"他还对这个帖子进行了点评，说："我们要紧紧揪住优秀人物的贡献，紧紧盯住他的优点，学习他的榜样，这要成为一种

< 106 >

文化。"

这是中国公司史上最轰动、效果最好的一次高管道歉。华为员工的激动、感动自不必说，其他公司的员工和网民也反响热烈。任正非把一次道歉操作成了一种现象，体现出来的是华为公司健康而积极的沟通文化。不仅中层管理者要向下属道歉，高层管理者乃至公司本身也要向员工道歉，只要有充足的理由。

上级和下级说"对不起"是很难的，即使出现也往往是敷衍了草的一句"不好意思"，本质上是在走过场，毫无诚意。这就导致了员工犯错要付出极大的代价，上司犯错却基本不用负责。在工作冲突中，道歉是上司必须常备的工具，也是赢得员工理解的必经路径。有效的道歉能够安抚员工的情绪，重新建立信任。但是，这里有一个前提，那就是对方最终接受了你的歉意。道歉的时间不对，方式错误的话，不仅于事无补，还可能会造成恐慌。

为什么员工觉得你是"做样子"？

假如你是一位非常谦逊的企业高管和部门经理，也愿意为了团队的和谐而承认自己的错误，你应该如何消除员工心中的"偏见"呢？——员工总是认定你在粉饰太平，不是诚心致歉。

我们的研究发现，假如冲突发生在上司与下属之间，而过错方在上司，那么，下属是很难选择原谅的。我们收集了很多数据，发现这些冲突的结局大多以员工含恨离职告终，留下来的员工也是面和心不和，彼此间的信任已经毁了。相反，他们会认为上司的道歉是别有用意，为了挽回自己的形象，只是在大家面前做个样子，类似于"我们很团结"这种场面功夫。于是，**90% 的工作道歉都不能真正解决问题。**

原因有两点：

第一，下属看待身处权力高位的上司时习惯性地充满怀疑。员工天然地不相信管理者，对于这一点我们丝毫不用怀疑。由于你可以利用权力来决定他们的工作内容、绩效考核，甚至晋升机会，员工当然有理由认为你的道歉是一个陷阱，未来已给他备好无数的"小鞋"。因此，他们将上司的"对不起"视为一种不怀好意的试探。

第二，上司总是不能采取恰当的方式取得员工内心的谅解。当冲突（不愉快）发生以后，如果你不能从内心打动他们，使其谅解你犯下的错误（粗暴地批

< 107 >

评后发现错怪了他），那么，这种和解就会沦为形式，他们的心中也会继续带有怨恨。不恰当的方式是指：语气随意，用词模糊，表情不真诚，眼神飘移，时机错误（过去很久了才道歉）等。这些因素在员工眼中就是"做样子"的表现。

说出一句最佳的"对不起"

一次成功的道歉会产生长远的积极影响，加深你和下属的深层次理解，有可能突破普通的工作关系，有利于在不同的领域建立共鸣。比如，你们可以找时间喝一杯，聊聊工作之外的事情，家庭，情感，理财。下属因此从你这里学到了更多，而你也更好地把握了他的心理，增强了领导力。

如何说一句最佳的"对不起"？

道歉包含很多内容，我们在向员工表达歉意时，最好同时传达出以下四个信息：**第一，我承担责任；第二，我表达悔意；第三，保证不再有下次；第四，实际的补偿措施。**比如，可以这么说："小刘，我意识到这件事是我这个经理的不对。我的行为让你受到了伤害，对此我非常后悔。我保证这是最后一次，并且，也会采取一些措施补偿你。希望你接受我的道歉。"我相信，绝大多数员工都能坦然接受，和你的关系也能更进一步。

54 你总想控制对方的想法？

有一种管理者是天生的"控制狂"，像八爪章鱼一样触手伸到所有的角落，无所不管。他们不在乎下属的感受，没有共情细胞，也从来没想过要授权委托他人，并且赋予其自主的处置权。不论决策和行动皆如此。相反，他们乐于针对每一个细节做出明确的指示，决定一切，而且对行动过程实施监控。

作为团队的带头人，你对细节的过分关注往往会失去对整体的把握。比这还严重的后果是，你不同情员工的立场，不关心他们的想法和行动，也就别想在贯彻自己的意志时获得团队大部分人的支持。现代组织留给"控制狂上司"的空间不多了，乔布斯之后已无"乔布斯"。

第一，先认可员工所说的。为了摆脱这种做法，沟通时首先要积极地理解员工的意图，认可他提出建议的出发点，肯定其优点（可取之处），然后再提出你

< 108 >

的想法。不要上来就说："你只有服从的义务。"或者表达类似的信息。

第二，优先建立协作式的信任。协作的意思是你不能乾纲独断，要共同决策。如果你的沟通方法给人们的印象是唯我独尊，难免会遭到员工的集体抵制。即使你能力最强，具有超越所有人的眼光，也要尽量减少形式上的独裁，遵守沟通的规定和流程，不要打压提出异议的员工。做决策时你可以独断，沟通时却要全员参与，耐心听取他们的汇报，分析一下现有决策有无可完善之处。如果你总想获得那种"一切尽在掌握"的感觉，你就给了员工"自大和不可接近"的负面印象。随着时间的流逝，信任便会变淡，协作也会变弱。

第三，只控制自己可以自主决定的问题。每个"控制狂上司"都会有他热衷于控制的领地，像狮子一样。要完全改变这一点是艰难的，但你可以只控制那些由自己决定的问题，比如，最后的决策，财务审批，方案选择等，这些属于管理者的合理权限。把余下的空间让渡出来，和员工分享，慢慢给予他们更多的自主空间。

55　站在下属的角度提出问题，消解他们的怨气

大多数情况下，管理者和员工之间的关系是融洽和谐的，共情能力强的企业人越来越多，人们的工作和沟通情商也越来越高，但也不乏矛盾和误解现象的发生。上司和下属吵架——下属怨气冲天时的场面常常令人尴尬：上下级唇枪舌剑，互相指责，最后不欢而散。这种现象轻则引起团队的议论，影响管理者的威信，重则损害公司声誉，引发破窗效应——更多的人开始向上司提出挑战。久而久之，沟通机制名存实亡，你所管理的团队便成了一支"死团队"。

进行具体分析时，导致上下级冲突的诱因是多种多样的。但从管理者的角度自检，多与对内部矛盾的处理失当，措施粗暴简单有关，让员工对公司产生了持久的不满。通常有下述几种原因：

上司过于自信，而不能容忍下属的意见。比如，在某一问题的讨论中，员工提出了异议，与上司的意见不一致，同时，经过论证发现，员工的意见是正确的。但上司仍固执己见，自以为是，将员工的建议拒之门外。

上司的批评与事实不符，或者出入较大。当管理者严厉地批评员工时，员工感到委屈，并为自己辩解。明明知道自己的批评不符合事实，管理者仍坚持自己

< 109 >

的看法，员工便有强烈的怨气，认为上司不公。

上司与下属缺乏及时的感情沟通。 只有冷冰冰的业务交流，缺乏有温度的感情沟通，双方的距离很大。假如下属对上司的某些言行早已不满，且毫无表达机会，久而久之就产生了怨恨，时机合适的时候便爆发出来，比如当面顶撞。

上司在待人处事时有失公平。 管理者处事不公，直接受害的是员工。同样的问题出在不同的人身上，作为上司若不一视同仁，下属早晚会心寒。在一个不公的部门中，员工和管理者是决无共鸣的。

以上四种情况，对管理者是十分致命的，但如何通过高质量的沟通挽回局面，才是最重要的。领导力沟通课程的建议是——首先，别和有怨气的员工正面对冲，要避其锋芒，采取柔性的语言，减缓下属的愤怒情绪，使之不良情绪逐渐平息。其次，站在员工的角度提出问题（问题是针对自己而非员工的），共同探讨解决策略。比如："你觉得我这件事做得不妥，以你之见，该当如何呢？"

第一，要负责，而不指责。 即使对自己不满的员工出言不逊，言辞激烈，也不要突然打断他的话，或者直接让他"离开办公室"。不让人把话说完，是最坏的行为，这等于关闭了共情的大门。更不要对员工冷嘲热讽和进行过分的指责。在这种情况下，管理者的正确态度是为他负责，告诉他一定会公正地对待问题，给他充足的时间表达，尊重他的建议。

第二，要顺气，而不赌气。 对有怨言的下属的不良表现和工作中故意顶撞的行为，你不要太过在意。即使他的抗上行为出现在公共场合（当着众多同事），你也不要因爱面子而采取赌气的行为。小心眼儿的上司此时喜欢针锋相对，利用手中的权力打击员工。如果这么做，你就会永远失去他的尊敬。你可以让他先把不满宣泄出来，用沉默来避免两败俱伤。等他抱怨完，你再对其进行引导和规劝。

第三，要耐心，而不灰心。 灰心的意思是对员工放弃了沟通与安慰，进行冷置处理：不理会，不解决，不提拔，彻底让员工失去在公司的发展空间。这是大忌。管理者要有博大的胸怀和足够的信心，对于下属的合理建议要予以肯定，正确的意见要予以采纳，并且给他积极的回应，以此来缩小已疏远的感情距离。同时，通过耐心和细致的沟通来消除他的负面情绪。

< 110 >

56　让他看到"改变"了你的初衷

艾力克公司销售部门新上任的副总监怀特要求员工每周五晚上 9 点前把本周的工作总结和下周的工作计划发给他。员工们开始有些不习惯，觉得这等于要求大家变相加班。因为按过去的惯例是周五交工作总结，周一上午才发工作计划。怀特在会上强硬地说："这是我的方法，也是要求你们做好自我管理的一个措施，一定要执行。"经过沟通，员工们表示同意。

新规定开始执行的前几周，怀特还会在每周一时找每个人沟通一下他们的想法，修正计划，优化工作流程。后来怀特就慢慢地放松了。人们每周还在交总结和计划，但如石沉大海，怀特仿佛没有收到。因为没有上司的反馈，员工们做这件事的价值看起来越来越小，所以有些员工便自作主张不再汇报，停止发送邮件。结果怀特立刻召开部门会议，点名批评这些员工，说没有按照要求完成指定的工作。

一名员工当场发作："怀特先生，我们每周都交，你可能看都不看，这个工作还有什么意义呢？"怀特怒道："你怎么知道我没看？"员工说："那么，请您说说我上次给您提了什么建议，我写的流程改进计划的核心是什么？"怀特顿时被问住了。

员工汇报、提出建议后却没有得到管理者的反馈，等于员工努力了一番后却什么都没改变。大家在做无用功，人们的失望之情是可以预见的。这样的事情在每家公司都有。如果我们的员工全部是 60 后、70 后，问题可能不大。毕竟这些年龄较大的员工已经习惯了类似的事情。他们懂得审时度势，忍耐力也更强，对上司是否重视自己的建议并没有太强的执念。但年轻员工不同，他们对没有反馈的事情相对比较反感。在他们看来，这意味着自己辛苦的思考不被上司重视。

伤害共情的"无用因素"

在我们研究的很多企业中，员工不愿与上司分享想法和问题的最大原因并非是对上司的憎恶，也不是他们不想为公司做贡献，而是认为管理者不会就意见采取任何的行动。在斯坦福领导力沟通课上，当被问及为何在沟通中保持沉默时，参与者（企业员工）提到最大的原因是"自己说了也没用"。

当你抱怨员工跟你无法共鸣时，员工其实也在抱怨："我何必做无用功呢？

< 111 >

反正我什么都改变不了！"这是管理者需要反思的。

管理者要以某种恰当的方式让员工发现——他改变了你的想法

现在，有活力、有激情、有创造力的员工往往会下意识地将自己汇报工作、和上司沟通后得到的反馈与"**上司对自己的尊重**"结合起来。沟通是双向的，而且一定是与反馈相结合的。**没有反馈，沟通就没有价值**，更是不尊重员工的具体表现。你因为什么原因惹毛了员工？这就是。员工并不认为你比他的职位高，就拥有了可以漠视他们的思想和行动成果的特权。因此，管理者一定要及时就沟通的结果和员工交流，而不是"嗯嗯"，甚至没有任何回音。要让员工看到他改变了你的想法，对工作产生了积极影响，这也是共情的一种方式。

< 112 >

◆ 如何改变自己在员工心目中的"冷酷"形象？

✕ 冷酷一点儿会给管理者加分，不用改变。

✓ 要有共情的心态，不要一本正经地对员工说教，要和他们建立共鸣。

◆ 让员工畅所欲言的核心宗旨是什么？

✕ 开明正直，鼓励他们多说。

✓ 从多方面创造无所不谈的环境，包括制度、态度、场所、氛围等，也要建立信任。

◆ 当员工状态不佳时，管理者应该怎么做？

✕ 公司是利益集合体。员工状态不佳，说明能力不行。不行就换人，不用关心。

✓ 理解和宽慰员工的痛苦，帮助他们调整状态。

◆ 向员工道歉时，怎样做才能收到最好的效果？

✕ 只要说一句"对不起"就好了，管理者不能自损威信。

✓ 及时道歉，同时传达四个基础信息，让员工感受到诚意。

◆ 你认为控制下属的想法值得提倡吗？

✕ 应该提倡，下属和上司的根本利益是对立的，不能放羊式管理。

✓ 管理者只应该控制核心决策，其他环节则要平等沟通，让员工自由发言。

< 113 >

第八课

协调（Coordinate）：
用沟通把对抗变成合作

◆员工并未对参与决策有过高的奢望，他们的要求仅仅是："领导重视一下我的意见，在做决策时将必要的因素考虑进去，多少体现我的需求。"一旦你丝毫不关心他们的想法，决策就会变得很难执行。

◆所谓的协调，就是要将潜在的对抗在尚未生成时便转化为合作的力量。如果公司经常霸道地发布命令、更改制度的话，就不可能防患于未然。一旦团队士气受到持续的打击，公司的未来就很危险了。

◆基层员工最需要得到的是细节指导，因此要进行务实的业务沟通。和中层人员的沟通则要多和他们谈计划，让他们成为深刻领悟企业的中远期计划的一群骨干。

◆给予员工的前景，第一要符合员工的特点和渴求，第二要符合公司的规划。两者相结合，这个前景才是有价值的，才能真正调动人的能动性。能把不同的人才调动起来，为一个目标而战，这就是管理者应该具备的协调能力。

57 为什么你的要求经常遭到员工的对抗？

早晨，硅谷一家公司的技术总监科兰斯顿从会议室出来，匆匆走回办公区，将产品经理和开发人员叫进办公室，以急迫的语气说："休假取消了，客户提出新的要求，我们要重写程序。分工也要变一下，搞不好团队还得换人。快看一下这份纪要，下午 2 点前就把方案写出来报给我。"

4 个小时后，当科兰斯顿再次将产品经理和开发人员叫进办公室时，发现他们什么都没干。他们没有方案，但是也没有反对意见，只有一个拿不上台面但又听得人的耳朵出茧的理由："老板，时间太紧张了，我们现在还无法完成。"科兰斯顿心里清楚，这完全是借口。他给的时间已经十分充足了，因为写这个方案顶多 1 个小时。面对下属的集体对抗，他一时无奈地耸耸肩，摆手让他们出去。

原因一：不关心员工的意见，直接做决定。

这种情况我们经常遇到，原因是多方面的。2017 年，斯坦福大学的一份调查数据表明，大概有 65% 的企业管理者做决策时从不考虑下属的意见。虽然他们也

< 116 >

开会，严格按照程序集体讨论、发言，但员工提出的建议最后多数未被采纳，有时连一句解释也没有。沟通形同虚设。

对于参与决策这样的事情，员工并未有过高的奢望。他们的要求仅仅是："领导重视一下我的意见，在做决策时将必要的因素考虑进去，多少体现一下我的需求。"一旦你丝毫不关心他们的想法，决策就会变得很难执行。尽管员工没有办法改变上司的决定，但却能在执行中采取对抗行为。

原因二：未征求意见，你便做出了影响员工利益的决定。

这比前一个原因还要严重，连讨论的过程都没有，管理者就和心腹，甚至自己一个人暗箱操作，在一个封闭的办公室中做出了决策。比如："未来预期收入下降 40%，又不方便裁员，那就将 30% 的员工调到三四线城市的分公司，节省成本。"这对员工利益的影响可想而知，突然扔出来，就是一枚重磅炸弹。不要惊讶，许多公司的决策就是这么出炉的，员工一直被蒙在鼓里。

有句话说："船上的每一个人都有权利知道船要开往那里。"因此，那些将公司当家的员工参与决策的积极性是最高的，并将其视为工作中的基本权利。特别是关乎切身利益的重大决策，必须征求他们的意见。人们在遭逢上司没有征求意见便做出重大决定的时候，一是会有明显的消极情绪，虽然不见的当场就表露出来，私下的抵制和不配合却是少不了的；二是会给未来的沟通留下一条裂痕。在员工眼中，这就是管理者的黑点。

建议：把决策参与权还给员工。

员工抵制你的原因并不一定是因为你的要求是不正确、不合理的，而是因为他们没有参与到决策中来——你在决策过程中充当了独裁者的角色，这令他们感到不快。现在新一代员工在家庭事务和个人事务领域都已经拥有了非常大的决策权。他们个性强，追求独立，也拥有了民主决策的思维。当遇到上司并未征求他们的意见就已经拍板时，他们自然是不舒服的。无视他们的意志便直接拍板做出决定，尤其是影响到他们利益的决定，这种决策前毫无沟通的做事方式就会导致决策出台后存在无人执行与合作的风险。

我的建议是：将决策参与权还给员工。在任何问题的讨论与决策中，均考虑到员工的意见和照顾他们的基本权益。你仍然可以最终做出自己的决定，但你必须经过这个征求意见和吸取有益建议的过程。

< 117 >

58 重要的不是"统一立场"，而是告诉员工消除分歧的方法

管理者要懂得和员工分享你积累多年的工作智慧。不是让你必须传授秘籍，而是让你告诉员工在沟通中消除分歧的原则，协调和整合不同的工作思路，将众人拧成一股绳。从管理的角度看，这是管理者第一重要的职能，是一项基本要求。

工作中，我们会发现一个普遍的问题，就是上面的决策（做什么）定了，团队在执行上（怎么做）却没有达成共识，存在太多的争议。有人想这么干，有人想那么干，各有见解，人人都想按自己的方式来。这时，管理者的角色摇身一变，成了裁判员。你需要统一大家的立场，但也要化解阻碍人们互相支持和信任的障碍。有时候，即便员工暂时达成了共识，分歧却仍然还在，矛盾并未消失。一旦时机合适，又会爆发出来。长远来看是不利的，会损害团队的凝聚力。

你要做的包括以下几点：

第一，帮助员工克服"自以为是"的排斥心理。 重点与那些具有自大心理和顽固思想的员工沟通。他们往往是团队内部分歧的制造者，解决了他们的心中顾虑，主要问题也就消失了。

第二，协调必须"从头开始"。 从分歧的源头开始，和员工谈一谈"为什么有异议"。比如："你这么想是基于什么原因？"找出员工的思想之源，对症下药，后面的工作就好做了。

第三，从分歧中寻找共识。 即，做出任何结论都要找到充分的证据，要让员工看到大家的观点虽然不同，但是目的是一致的。只有这样，才能从根本上消除团队的分歧。

59 提前沟通，做到防患于未然

什么是"提前沟通"？我举个例子，2016 年的时候，58 同城的员工集体抵制公司的一项新规定——996 工作制。这件事情一时间成为媒体报道的焦点，引发了社会上人们的广泛讨论，以至于该公司 CEO 姚劲波出来说话，平息众怨。"996工作制"就是指工作从早晨九点到晚上的九点，每周工作六天，休息一天，平均

< 118 >

每周的工作时长达到了 72 小时。显然，这是一项足以引爆管理危机的新规，伤及公司绝大多数人的利益。这对于基层员工而言尤其是很难接受的。

这个案例让我想到了 2012 年秋天公司的一次类似事件。当时，我的公司处于发展的初期，业务增长迅速，人员严重不足。管理层认为，必须延长工作时间，强制性加班，否则，我们会被迅猛增加的业务量"噎死"——业务增长过快和企业生产不足的矛盾摧毁了许多创业公司。

一开始，公司试探员工的口风："如果需要加班，你们能接受的时间是多少？"管理层发起内部调查。一石激起千层浪，员工意识到：这是管理层的鬼把戏，肯定要颁布加班制度了。反对者众多，我的邮箱每天都是满的，员工写邮件抗议。我的这家公司在美国，员工多数是美国人，他们讨厌加班，这是早就预见到的。不过，由于我们采取渐进的步骤与团队事先沟通，给员工做思想工作，而且集体涨薪，有一个为时不短的缓冲期。等加班制度正式公布时，大家早有心理预期，基本没有什么反对的声音。整个 2013 年，公司的一线员工始终处于每天工作 12 小时，每月工作 25–28 天的状态，管理人员甚至每月只休息半天。

为什么说"提前沟通"很重要？比如加班问题，既然加班不可避免，作为管理者最重要的工作就是尽量提前与团队沟通，有计划、有智慧地取得他们的理解，将矛盾掐死在萌芽状态。**所谓的协调，就是要将潜在的对抗在尚未生成时便转化为合作的力量。**如果公司经常霸道地发布命令、更改制度的话，就很难做到防患于未然。一旦士气受到打击，公司也将会面临困境。这是管理者最大的失败。

60　和中层谈计划，和基层说细节

微软研究院（MSRA）的一位人力资源专家说："我们平时所习惯的与下属的沟通方式，可能都是错的。"他打了一个比方，不知从何时起企业界流行起了和员工谈梦想的文化。远至华尔街、硅谷，近到东京和中关村的商业领袖们，都牺牲了大量的沟通时间和基层员工进行"梦想交流"，但效果不佳。管理者陶醉于这种方式，可它是错误的。

正确的原则是，梦想应该挂在墙上。基层员工最需要得到的是细节指导，因

< 119 >

此，要与员工进行务实的业务沟通。和中层人员的沟通则是多和他们谈计划，让他们成为深刻领悟企业中远期计划的骨干。

带领下属沟通协作，解决一系列的难题，将团队打造成一支精诚团结、无坚不摧的队伍。这对每一位管理者都是一个必须完成的任务，是管理者岗位的基础职能。但在现实中，优秀员工可以很快就能领会上司的要求，很多事情不需要明说就能做到，而且做得很好。可是，更多的时候管理者遇到的人是这样的——你出于强烈的责任心教导他们，与他们无话不谈，员工往往不领情，甚至还会对管理者产生误解，比如理解错误、执行偏差等。

为什么会出现这样的现象？正像前面说的，是我们针对不同层级员工的沟通方式有误。

第一，你将所有的员工视为同一类人，沟通时说的太宽泛，在他们听来便不够精确。因此，你要针对员工的身份使用精准的语言（保证他们每个人都能听懂）。

第二，你要正确界定不同员工的属性：高层是负责制定方向的，中层是负责执行计划的；基层是负责落实计划的。

第三，基于第二条，沟通时要和高层谈决策（把决策统一），和中层谈计划（把计划吃透），和基层说细节（把事做正确）。

61 如何有选择地倾听？

管理者的精力是有限的

尼克尔斯在他的《学会倾听可以增进关系》一书中写道："诚挚的、关切的倾听需要以无私的态度，努力克制自己。我们要做到认真的倾听，必须忘掉自己，将自己代入对方的角色，关注他们所关注的。"这对管理者而言是一件不容易的事。

当你想了解下属的立场选择仔细倾听时，并不只是获取信息，还要代入对方的身份见证、思考他的经历、困惑、利益关注点。此时，你应该暂时放下自己的事，要由衷地对他们感兴趣，暂时放下自己的事，综合所有的相关因素，才能最终有效地协调团队。

< 120 >

与此同时，员工也需要上司真诚乃至全心全意的关注。也就是说，员工希望上司在听自己反映问题时不会表情僵硬，注意力分散，玩手机或者做别的事。在他们看来，老板的注意力没有被其他事情分散，不会打断自己，不会负面评价，也不会催促他们。老板只是安静和耐心地倾听他们说完最后一个字。这是"理想的老板"，不是现实。而且，本书也不鼓励你在和员工沟通时成为这个样子。

这不是说倾听是错的——我强烈建议管理者掌握倾听的技能——而是阐述了一个客观现实：管理者的精力是有限的，倾听下属所有的意见确实不易，也不用这么做。在管理沟通中，倾听员工的意见时需要花一些心思，优先制定三个原则，以保证你能用最少的时间收集到最宝贵的信息，知晓团队每名成员的立场。

第一，有选择地倾听。 屏蔽无关的信息，或者干脆中止无效沟通，这是你应该做的事情。

第二，用提问引导表述。 提问可以印证你自己对问题的理解，也能引导员工做出针对性的表述，以较快的速度给你答案。

第三，适时插入个人见解。 别让员工一直讲下去，在合适的时机说出你的见解，有时可以给沟通画上一个合理的句号，也可以鼓励员工继续阐述有益的观点。

如何有选择地倾听？

◆**克服"自我中心主义"**：不要总是谈论你自己！这会让分歧越来越大，完全起不到协调的作用。

◆**克服"自以为是"的老板心态**：不要总想占据予取予求的主导地位！

◆**尊重员工的表达权**：如无特别必要，不要打断员工的话。尽量让他将一个观点说完，也不要去深究那些不重要或者不相关的细节。

◆**不要突然激动**：包括一系列的反应，比如，不要匆忙下结论，不要急于评价员工的观点（盖棺定论），不要急迫地表达自己的思路，不要由于见解不同而情绪化地批评。要仔细地听他阐述完整，寻找其合理之处。更不要有选择地指摘他的漏洞，甚至把精力放在思考如何反驳他所说的细枝末节的问题上。

◆**选择性倾听**：尽量不要琢磨他说的每一句，也不要猜测他后面将说什么。选择性倾听的宗旨是，重点听他的论据是否靠得住，从他的观点（思路）中找出与自己契合的部分，看看能否达成一致。

< 121 >

◆**摒弃偏见**：考虑一下自己是不是有偏见或顽固的成见，这些很容易影响你去听员工汇报、表达观点。

◆**控制自己的思维**：不要使你的思维跳跃得比员工还快，也不要试图理解对方还没有说出来的立场。我的意思是，尽量给员工的思维发散留出空间，你仅是充当一个称职的引导者。

◆**不要走神**：大脑时刻保持在线，不要左顾右盼。

◆**屏蔽无关信息**：不听自己不应该知道的东西，不介意他说话的特点。

62 如何用 5 分钟讲清 "利害"？

在一次领导力沟通课上，我曾经向 32 名来自旧金山华人商会的企业家介绍一种沟通原则："5 分钟分割术"。用 5 分钟的时间向员工讲清利害，把 "利" 和 "害" 分割开来，不要让它们成为影响团队合作、凝聚力与执行力的障碍。这不是一般的管理人员能够具有的本领。多数人知道应该如此，但总是事与愿违。

这是因为在人们的常识思维中 "利" 和 "害" 是不可分割的，共为一体。比如，人们常说："一件事有利就有害，既有好处又有坏处。" 这导致我们在说服员工采取一些非常行动时难以让他们摆脱顾虑。员工会这么想："万一失败了呢，我有什么损失？" 这是无数企业处于艰难的转型期时大量骨干离职的主要原因之一。

"5 分钟分割术" 的实施要点

和中层先讲利：这么做有什么好处？ 和中层员工要多谈 "利"，将 "害" 放到一边。处于中层的员工大多是公司的骨干，发展前景良好，和公司利益的捆绑程度较深。换句话说，他们从公司成长和项目成功中的获益较大，因此，更关注一个决策对自己的利好。比如分红、晋升机会等。所以，从利益的角度沟通可以鼓励他们更有力地执行决策，协调他们的立场。

和基层先讲害：不这么做有什么坏处？ 与基层员工沟通的切入点应该反过来，假如不执行公司的决策，你会有哪些损失呢？人性中有 "趋利避害" 的一面，而且在基层员工的身上更多的时候体现的是后者。他们不希望自己目前拥有

< 122 >

的安全感被破坏，"躲避潜在的损失"就成为他们非常大的工作动力。

63　一个"坏消息"和一个"好消息"

我有一个已保持了 20 年的习惯，不管和谁谈话，先说坏消息，再说好消息。国内某知名公司的一位副总计划辞掉工作到美国发展，便托人联系我。他想选择洛杉矶为其入美第一站，在我的公司寻求一个副总裁的位置。见面以后，我说的第一句话便是："我这里的工作有三个特点，加班时间长，无休假；业务繁多，事情复杂；年薪不高，比不上国内。你想好了再定。"这位副总听了顿时哑口无言。他到咖啡厅的露台思考了五分钟，然后回复我："我再考虑几天。"后来，他就再也没有联系我。

其实，我后面还有一句话，是好消息："虽然年薪不如国内，但我能给你15% 的公司股权，这是国内公司不能给你的。"遗憾的是，他没耐心听下去。我错过的虽说是一个人才，却也让公司规避了将来潜在的风险。因为这个人的抗压能力不强，来我公司的动机是为了高薪，不会关注长远，很可能只是将公司当作一个跳板。

先说好消息的管理者是不及格的。和下属沟通时，如果一上来就打鸡血，只是为了接下来给他一刀，那还不如什么都不讲，让下属自己走进冰火两重天去体验。

最后，我一直以为，沟通的技巧不是最重要的，再牛的沟通技巧都比不上你有完善可靠的后备方案。比如招聘，和求职者谈薪资的核心在于——**你是否能承担失去这个人才的风险**。如果你非这个人不可，那么，你就不敢告诉他一些"坏消息"。你只能优先阐述公司的优点，让他听好消息。你也必须开出高价，担保他有一个优良的工作条件。如果你有第二选择，事情就好办多了，薪资的出价就能控制在公司的承受范围之内。你就可以先告诉他一些坏消息，比如薪资较低、工作条件较苦等。你完全可以轻松随意地去谈，他爱留不留。反正你还有很多的选择。

< 123 >

64　描绘一下可见的前景，才能"打动人心"

有一次，在公开课上，我请两位企业家解释一下什么才是"可见的前景"："对你们来说，能够真正打动员工的是什么？"这两位企业家，其中一位是硅谷某科技公司的创始人华金，另一位是华尔街某投行的人力资源总裁卡鲁特。他们的行业不同，管理的视角也不同，但在这个问题上的观点是一致的：

"第一要符合员工的特点和渴求，第二要符合公司的规划。两者相结合，这个前景才是有价值的，才能真正调动人的能动性。"能把不同的人才调动起来，为一个目标而战，这就是管理者应具备的协调能力。

你能给予的前景，必须和员工的能力值匹配

什么是能力值？能力值又如何进行评估？最直接的方法，是看员工的具体工作表现和业绩数字，特别是注意收集员工在近期 3 到 6 个月内的工作表现，包括内部考核、同事和客户对他的评价等。评估之后，我们便得到了一个模型，从不同的维度得出了员工的能力值。能力值的高低决定了公司对他的规划。比如，我公司的一位基层业务员开车 500 公里去纽约专程和一位潜在客户沟通，签下了一个重要的合同。没过多久，我便找他聊天，为他提供了一份职业规划和新的工作合同，邀请他担任美国东部地区的销售主管，年薪增长了 300%。他非常开心，因为这正是他想要的，而他的能力也足以胜任。

沟通前要了解员工的闪光点，有的放矢去谈

如果上司在谈话前了解到下属在某方面的突出表现或者"闪光点"，就可以在谈话时加以引用，这叫有针对性的沟通。表扬员工的闪光点不是目的，我们的目标是希望员工在工作中充分发挥他的优势。同时，在做工作动员时谈到他们的优势技能，员工也会信服你。这说明，你清楚手下的每一名员工，你对他们是尊重的。否则，在谈话时你只能空洞地说："小王，最近一段时间你的表现不错，但还有改善的空间。你要努力，加油。公司不会亏待你！"这不叫"可见的前景"，而叫虚情假意的应付。员工特别反感这种行为。他们会想："我已经够努力了，你还让我努力。而你对我一点儿也不了解，也不知道我想要什么。看来我不

< 124 >

管怎么做，公司都不会满意的，甚至上司根本不在乎我。"

当员工感到和上司的沟通是一件精疲力竭的事情时，他便不会对你的要求、倡导和团队的需要有多么积极的兴趣。这样的员工是很难培养出忠诚感的。他一有机会就可能离开。因为在你的手下他没有成就感。

< 125 >

◆ 为什么你的要求会遭到员工抵制？

× 员工不理解公司，这是管理的常态，他们抵制是正常的。

√ 如果一个决策没有员工参与，又损害了他们的利益，有抵制行为是可以理解的。

◆ 统一团队立场时，最有效的方法是什么？

× 用公司制度和奖惩规定要求每名员工保持和管理者一样的立场。

√ 必须用沟通化解他们的分歧，消除他们的担忧。

◆ 什么情况下应该提前和员工沟通？

× 看感觉，有时间就提前说一下，没时间就不说。

√ 所有可能损害员工利益的决策，都必须提前与员工认真沟通。

◆ 如何有选择地倾听员工意见？

× 重点听心腹、嫡系的意见，普通员工不用管。

√ 尊重员工的表达权。和每名员工沟通时，要重点听一下他们的关键建议，屏蔽无用信息。

◆ 和员工谈话时，你先讲"坏消息"还是"好消息"？

× 跟不喜欢的员工先说"坏消息"，跟喜欢的员工先说"好消息"。

√ 就任何问题沟通时，原则上都应先讲"坏消息"，把"好消息"放到后面。

◆ "可见的前景"对协调工作有何意义？

× 唯一的意义是公司向员工做出了许诺，因此，并不重要。

√ 可以让员工感到安心和尊重，工作的积极性也更高。

< 126 >

第九课

凝聚（Condensation）：
通过沟通构筑信任关系

◆诺贝尔文学奖的获得者鲍勃·迪伦说过一句话："信任是效力最强的胶水。"这句话的意思是说，信任能粘住世界上的一切东西，比其他因素更能凝聚一支团队。

◆一名优秀员工找不到自己的时候，他就是一只丑小鸭。一旦找到了自己，他就是一只白天鹅。这里"丑小鸭"是指员工在公司中浑浑噩噩。"白天鹅"是指员工在公司中努力向上，创造出不凡的业绩。也就是说，员工的优秀与否有时不取决于他的素质，而是取决于你能否帮助他"找到自己"，然后在团队中发出璀璨的光芒。

◆上司向员工许愿，然后，找理由不兑现，或者兑现不及时，对团队凝聚力的伤害很大。这是在为企业的管理工作挖坑，虽然取得了一时的效果，却毁掉了长远的利益。

◆没有解决问题或形成（初步）决议的会议，等于大家走了一遍过场，白白地浪费了时间。现在很多会议只是重复地让大家总结问题，却没有形成如何解决问题的氛围，因此，导致人们与会时抱着无所谓、没方案的态度。

65 为什么同样一件事，你说出来却引发误解？

过去的很长时间，我的工作就是帮助企业沟通，训练管理人员的沟通能力。我见过有的企业沟通很成功，也见过有的企业因为沟通问题惨死江湖。假如凝聚力崩塌，企业家的沟通力又跟不上，一个好公司瞬间就会变成明日黄花。

在一次论坛上，北京的吴总讲过一个故事。他的公司计划于年底调整员工福利政策，管理层开会时定调，基层员工每年的福利标准上调5%。吴总去下边给项目人员做动员时，随口说了一句："公司准备给大家多发福利，一定要加油干！"这是一件好事，可他说完后却感觉气氛怪异，有人鼓掌，有人却表情漠然。没过几天，员工中间就流传了一则谣言："公司可能要裁员了！"

吴总听到后十分愤怒，是谁误解了自己的原话，竟然把福利调整和裁员联系起来了？是谁在传播谣言，诋毁自己？就在他誓要查个水落石出时，人力资源部

< 128 >

门的一个领导对他讲出了真相。原来吴总在公司素以喜欢通过裁员节省成本著称，他一贯的手法就是裁掉部分人，再给余下的人提高薪水和福利。所以不管他说什么，员工都往这方面想，大家不敢相信他"会做好事"。

诺贝尔文学奖的获得者鲍勃·迪伦说过一句话："信任是效力最强的胶水。"这句话的意思是说，信任能粘住世界上的一切东西，比其他因素更能凝聚一支团队。但是，假如企业中到处是吴总式的管理者，员工就会自发地不再"追随上司"，在很多的工作场合也会先行一步不再信任领导。**因为不相信你，所以你说什么都会被误解。**

信任不是单方的责任，需要共同努力

信任感的建立需要双方的努力。作为员工，也要积极地配合上司，从好的方面理解上司的意图，乐观地进行沟通，才能帮助双方建立互相信任的工作氛围。如果人们把信任寄托于单方，总想让对方拿出诚意，是无法达到目的的。

在管理中，信任包含三大要素：

第一，诚实（Honest）。

第二，善意（Kindness）。

第三，能力（Ability）。

从员工的视角来看，管理者和他们沟通时要以诚实的心态告知真相，传达善意；从管理者的视角来看，员工也要积极地配合上司，并且展现出自己的工作能力，把公司交代的任务做好。只有做到这些，才有助于双方建立信任的关系，减少摩擦。

消除误解，管理者要做更多的工作

总而言之，管理关系中最重要的是培养"信任感"，否则，就会大大地影响沟通的作用和效果。而这需要领导者和下属的共同努力。但要彻底地消除误解，管理者要做的工作还有很多，其中包括——不要因为职权在手就忽略了下属的感受，要努力为其营造信任的环境。一旦上下级关系中出现了怀疑、怨恨等负面情绪，损伤的将是整个团队。这时，管理者首先要担负起自己的责任，从自身做起，而不是让员工付出代价。

< 129 >

66　为什么你很为员工着想，团队却没有凝聚力？

康奈尔大学塞缪尔·柯蒂斯·约翰逊管理学院管理学教授詹姆斯·迪特尔特认为，即便企业的领导者愿意为员工付出全部的精力，希望他们变得更好，有时也很难建立稳固的信任关系，进而提高团队凝聚力。

为了探索问题的根源，迪特尔特曾组织了一次实验。他和助手找来 100 名学生，分成 A、B 两组，一起玩一款"信任游戏"。在心理学领域中，这个游戏经常被心理学家用于测试人和人之间的信任程度。在游戏中共有两个玩家，一个是信任方 A 组，一个是被信任方 B 组。

规则是：

> 信任方 A 组的手中有 10 个筹码，一个筹码代表 1 美元。首先，由信任方 A 组决定给被信任方 B 组多少个筹码。B 组收到筹码后，该筹码的价格就会翻三倍。B 组要决定自己留下多少个，给 A 组返还多少个。也就是说，如果 B 组没有返还筹码，而是选择了自己独吞筹码，则表明 B 组辜负了 A 组的信任。

在迪特尔特的实验中，他告知信任方 A 组的学生："你们的对手比你们有更大的权力。"同时，又告知另一半被信任方 B 组的学生："你们的对手比你们的权力小。"他传递了假消息。在实际的游戏中，所有人其实都是信任方的角色。参加实验的学生并不知道自己的对手其实只是一个虚拟的电脑程序。那么，游戏的结果是什么呢？

第一，所有人都没有收到来自"被信任方"的任何筹码。

第二，所有人都认为对方辜负了自己的信任。

第三，所有人都拒绝再参加这个游戏。

迪特尔特共组织了四次游戏，每次参加的都是不同的人。他还曾在纽约、旧金山、芝加哥等不同的学校发起了这场游戏，由其他机构组织测试，得到的结果是相同的。于是，迪特尔特和管理学院的教授们得出结论：在一个团队中，无论管理者和员工多么想和对方搞好关系，建立信任，最终，都会被无法预测的因素打败，他们将彼此产生误会。

< 130 >

负责主宰游戏的电脑程序在游戏结束时对所有人道歉："对于刚才发生的事情，我很抱歉。"但在现实的管理中，我们可能没机会收到那个始作俑者的道歉信。公司的管理者们应该反思的是："我如何保证在向员工传达信息时，信息不被失真？"

67 "我对你有一个计划！"

你对员工有没有一个成熟的改造计划？或者一个靠谱的发展计划？

我们对员工的职业规划未必一成不变。只要你在尽自己的所能为他们的前途铺路，让他们的生活和事业一点一点地变好，那么，这个计划就是有用的。

假如一名员工这两个月在这家公司上班，过两个月又在另外一个公司上班，而且，做的事情和之前的工作都没有什么相关性，同时，他对自己的事业又有强烈的期望，但每家公司都没有为他兑现的话，那么，他对企业的管理者就会变得相当的不信任。一般而言，这类员工是最难沟通的。你说什么他都不信，除非你有足够的诚意和耐心，一点点地感化他，塑造他。

为员工提供职业规划

职业规划是什么？首先，是为一个人解决了他在未来的至少十年内"要做什么"的问题；其次，是为一个人解决了他"怎么做"这个工作的问题。两者不可或缺。我在做领导力沟通课程主讲人时，经常向企业家推荐一种做法：

"假如员工希望得到你在职业方面的指导，千万不要将责任踢给他的培训老师，也不要让他自己去想，因为这正是你的机会。你要抓住这个机会，但也不要马上跟他谈。你可以和他约个时间，在正式沟通前，了解他的资料，做好准备再去为他制定规划。"

"我对你有一个计划！"过去十年来，我用这句话留住了十几名想跳槽的优秀员工。当我说出这句话，并讲出我对他们的职业规划时，我能看到他们眼睛中的闪光，那是一种被尊重、被重视的自豪之光。这个计划不一定是十年的，五年、三年甚至两年都可以，但管理者一定要对员工说出来。这是增强团队凝聚力的良药！

当人对自己的人生没有一个明确的规划，在不同的公司跳来跳去时，就无法

< 131 >

形成行业经验的累积；没有经验的累积，自然就很难实现质的飞跃，他们只能一辈子碌碌无为。员工最害怕自己的人生陷入这种左走一步、右迈一脚的泥沼。有人生规划的人，他们明白自己想要做什么样的人，然后，专心地在一个领域中扎根，慢慢地累积。虽然这些累积会伴随着很多的挫折，但是只要不放弃，未来就有希望，有成功的可能。管理者在沟通中要解决他们在这方面的困惑，给员工吃下一颗定心丸，就能产生领导力。

员工没有方向，团队就没有凝聚力

著有《企业领导常犯的 10 大错误》一书的冯仑说："什么时候最让人恐惧呢？不是没有钱的时候，不是没有谁的时候，也不是没有车的时候。最恐惧的时候，实际上就是没有方向的时候。"一个人没有方向，他就会在迷茫中失去战斗力；一个团队没有方向，就算管理者很强势，它也很难有凝聚力。

一名优秀员工找不到自己的时候，他就是一只丑小鸭。一旦找到了自己，他就是一只白天鹅。这里"丑小鸭"是指员工在公司中浑浑噩噩；"白天鹅"是指员工在公司中努力向上，创造出不凡的业绩。也就是说，员工的优秀与否有时并不取决于他的素质，而是取决于你能否帮助他"找到自己"，然后，在团队中发出璀璨的光芒。

68 "大胆去做，我会为你背书！"

管理中有一种情况是，你安排了任务，却没有为员工提供解决问题的资源。在斯坦福大学近 25 年的领导力沟通课程中，我们发现许多金融企业、科技公司和其他行业的领导者参与进来，投入了几十万乃至数百万美元的资金收集建议，却不肯像花钱一样大方而大度地解读、参考这些数据，更不必说将课程的建议融入管理了。我们在跟踪采访中也发现，这些只花钱赞助公开课却未尽力运用研究数据和沟通工具的公司，他们的团队沟通没有什么改善，员工的抱怨依旧，比如上面提到的问题。这些企业的很多雇员说，他们常被赋予非常重要的任务。虽然上司表达了对他们的信任，但在开展工作时给予的资源支持却极少。而且，当他们找上司请求协助时，沟通的效果也不尽如人意。

< 132 >

我们从不同的方面了解其中的问题，比如管理层级、项目的可行性和员工能力等，发现他们的不少高层领导者并未打算让员工负责执行这些安排下去的工作，或者公司的领导者仅仅表态说："我们捉襟见肘，无力提供更多的协助。"这就将员工置于巨大的风险之中。一旦任务完成，功劳就会被领导拿走一半。相反，一旦项目失败，员工就要承担无法承受的责任，甚至全部责任。但是，他们只是雇员，不是冒险家。

员工信任"能为下属背书"的领导者

让员工自己投入资源开展工作，却在财务或其他方面无法作出承诺。因此，员工的一些想法不能付诸实施，这只会令员工觉得上司无法帮助自己促成任何改变。他们会想："我只是一个棋子而已。"如此一来，管理者就别妄想得到他们的信任，因为没人愿意无条件地为你卖命。

在员工看来，能为公司创造较大价值的项目往往颇具挑战性。这些项目成功了，对自己的前途大有裨益，但尤其需要上司的全力支持。所以，**他们信任那些能为自己的工作背书的领导者——有了失误，上司能帮自己化解风险，承担责任**。现实中，大多数员工正是由于太过担心上司是否能无条件地支持自己而放弃了一些成长性、挑战性较强的工作。

如何有效地为员工背书？

我们在多项调查中发现，当员工在两方面的权利得到较充足的保障时，团队的工作效率和组织绩效就能获得较大的提升，员工的保留率也很高。首先，员工能够自由地表达意见，提出建议；其次，员工的正确建议可以被采纳，并且，公司提供 100% 的支持，协调各方资源，落实这些建议。

例如，在洛杉矶的几家中小型服务业公司中，他们的管理层给了员工非常大的自主空间，让员工畅所欲言。且公司放手支持员工在业务层面发挥自己的想法，要钱给钱，要人给人。有家公司的总裁说："敢于做事的员工，我就一句话，你大胆去做，出了问题我解决！"所以，他的公司员工斗志高昂，忠诚度高，沟通氛围非常好。他的公司在财务和运营方面的成绩也远高于其他公司，这种管理和沟通方式让员工的流动率减少了 35%，每年多创收两百多万美元。更可喜的是，他的公司几年内就涌现出了一批经过锻炼的骨干，形成了雄厚的人才梯队。

< 133 >

第一，在沟通时敢于承诺，向员工授权，从言语上为他们打气，让他们放心地做好工作。

第二，在行动中及时支持，调动公司资源，配合员工做好工作，实现他们的想法。

69 准时兑现任何一个承诺

美国联邦快递公司（FedEx）曾经在一家杂志上刊登广告。广告中有一个头戴着公司标志帽的员工怀抱一个带有公司标志的箱子冒雨快跑。他没有携带任何雨具，被大雨淋成了落汤鸡，及时地把货物送到了客户手中。广告最后出现了一句话：这不是在运送货物，是要不顾一切地准时完成承诺！

这是一个让人感动的画面，即便冒最大的风雨，也要兑现自己的承诺。这样的承诺才有价值，才能打动对方。所以联邦快递的口碑向来上佳，在全球范围内凭借快速、准时、信守承诺的精神成为行业的典范。在内部管理中，他们也是这么做的。兑现承诺对于员工而言是最好的回报和激励，不惜一切代价也要兑现。

我在沟通课上还讲过一个故事：

在得克萨斯州，一个风雪交加的夜晚，有一名年轻人因为汽车抛锚被困在了郊外。正当他万分焦急的时候，有一位骑马的男子正巧路过这里。这名男子二话不说便用马帮助他把车子拉到了小镇上。这位年轻人感激不尽，但是当他拿出钱来向男子表示酬谢时，男子说："我并不需要你的回报，但你要给我一个承诺，当别人遇有困难时，你亦要尽力相助！"

年轻人遵守了承诺。在后来的日子里，他帮助了许多人，并且每次都没有忘记转述那句话给被帮助的人。几年以后，这名年轻人被突然暴发的洪水困在了一座孤岛上。周围洪水汹涌，有一名勇敢的少年冒着被洪水吞噬的危险救了他。当年轻人表示感谢的时候，少年竟然说出了那句年轻人曾经说过无数次的话："我不需要回报，但我需要你给我一个承诺……"

< 134 >

　　这个故事的意义在于，"承诺"是一种因果价值，而且，能够像种子一样四处播撒和发芽。无论你做了什么，都会得到相应的回报。如果你兑现了承诺，那么人们也会为你兑现承诺，不管你付出了多大的代价，回报都会到来。对于团队管理者，这是很重要的启迪——**你想让员工做到的，自己首先要做到！**

你是为自己找理由的上司吗？

　　和人们交流时，不少人都在说："现在语言不值钱了，人的承诺就像一次性用品，根本经不起时间的考验。比如，我的老板某某某，说话从来不算话，所以我上周离职了。"上司向员工许愿，然后，再找理由不兑现，或者兑现不及时，这对团队凝聚力会造成很大的伤害。这是在为管理挖坑，虽然有时能够取得一时的效果，但是会毁掉长远的利益。在沟通时，语言有着巨大的力量，只不过管理者并没有依照诚信原则去做，从而削弱了沟通的效果和作用。

　　我们经常看到，很多管理者当承诺没有兑现的时候会向下属百般解释，而不是像联邦快递广告那样**"冒着风雨也要兑现"**。这些管理者采取的是另一种做法。当他意识到可能无法兑现承诺的时候，就已经悄悄地准备好了一大堆的借口来解释：

　　"情况有变，不是我的责任。"

　　"我没时间，改天再说。"

　　"总经理不同意，我也没办法。"

　　诸如此类的理由。这些管理人员巧妙地将责任踢给别人，这就如同已经意识到要起火了，不是严阵以待，准备去救火，或者防止起火，而是在意识到要起火时马上想好借口："起火不是我的责任。"在员工眼中，**找理由的上司是最可恶的**。

准时兑现承诺，让员工放下所有的顾虑

　　我们来做一个真心话测试，看一看，你对自己的承诺"可兑现的程度"打几分。

　　问题：0分最低，10分最高，你会给自己打几分？

　　请写在下面：

< 135 >

答案：————————

是否愿意写下原因？

————————————————————————————

很多领导者无奈地告诉我，他们总认为自己是言行一致的，确实是客观因素阻碍了向员工兑现承诺。这些企业家一肚子的苦水，但是，回顾过去，你有多少次本来有机会将事实提前告知员工，却没这么做呢？你做过多少次承诺，只为了让员工赞同或接受某个决策？你有多少次无奈地对现实做了妥协，只是为了让事情获得进展，却忽视了员工的权益？

从货币的角度来看，如果我们把一个人的管理力当作货币的话，当他在管理中 50% 的话都不能够兑现时，那就意味着他的管理力贬值了一半；如果他做了10 项承诺，但 10 项都没有兑现，那么，他的管理力就等于零，他的任何话都无法获得员工的回应。因此，想通过沟通来凝聚下属，驱动他们为团队前赴后继，做出实实在在的成绩，就得从兑现承诺做起，让他们放下所有的顾虑。

70　信任首先源于"互相保守秘密"

出演过电影《僵尸肖恩》的英国著名演员比尔·奈伊说："你熟悉的每一个人都有你不知道的东西。"每个人都有秘密，上司和员工都有，但这是禁区。团队关系的质量有时取决于互相对禁区的尊重程度。你不能一聊天就穷追不舍地询问："嘿，皮克，你对这个工作感觉怎么样，有没有抱怨，有没有吐槽？你为什么选择金融公司，是不是觉得在这里容易捞钱？你会欺骗客户让他们签单吗？你能透露一下自己的情感生活吗？"尽管能够让你更大限度地获得信息，了解对方的情感世界，但这种做法是**极端错误**的。

上海某五星级酒店的李经理是客房部主管。由于淡季生意不景气，酒店为了节省成本，提高考核标准，想裁掉一部分人员。客房部的员工较多，成了裁员的重点目标。这种情况下，人人自危。每个人都打起十二分的精神，生怕因为出现一点儿失误而成为那个被裁员的倒霉蛋。

有句话说："越怕什么，就越来什么。"有一天早晨，上班时间已经过了 30分钟，客房部的员工小吴才急匆匆地赶到酒店。她迟到了。这在以前迟到半小时

< 136 >

不算什么大事，按规定罚款 100 元，然后，写一份检查就可以过关了。但现在正是酒店加强考核，借机削减人员的敏感时期，小吴一头撞到了枪口上。

小吴急得满头大汗，欲言又止，说不出迟到的理由。人事部经理见状，当场决定开除她，结果被赶来的李经理拦住了。李经理解释说："她今天之所以迟到，是因为昨晚下班后我临时有事，叫她过来帮忙，一直忙到凌晨 1 点多。本来该让她上午在宿舍休息的。这事要怪我没有提前说。"既然如此，人事部经理也就不再追究，小吴躲过了一劫。

真实的情况是，小吴这几天因为身体不舒服在吃药调养。由于药物的影响，小吴早晨没有及时醒过来。李经理早就知道了这件事。为了保护小吴的隐私，同时，避免给她的考核造成负面影响，李经理主动向人事部做出了另一种解释，替她遮掩过去。否则，小吴很可能在考核中得到一个低分，被列入裁员名单。李经理的做法让小吴非常感激。李经理也为自己赢得了信任。

除了为员工的隐私保密，其他四个方面管理者也要划为禁区，与员工互相保守秘密：

第一，不要试图让对方暴露自己的专业秘密。比如，某些独特的工作技巧和业务习惯。这是员工在竞争中立足的法宝，管理者即便知道，也不要传播出去。

第二，不要试图让对方和你分享经历。每个人的经历都是独一无二的，应该放进牢固的黑匣子里。无论管理者还是员工，都不要在背后讨论对方的个人经历。

第三，不要试图散播员工的难过记忆。特别是丧失亲人等重大事件。家庭信息和变化是人们的隐私，更应该相互保密。

第四，不要试图与员工同病相怜。负面消息也应该互相保守，比如，身体健康、情感受挫等。能做到这一点，员工对你的信任将会加倍。

71　化解隔阂的三种语境

在管理沟通中，人和人的隔阂显然无处、无时不在。我们可以把管理者和员工之间产生的隔阂分成两种，一是上级对下级的误解，另一种是下级对上级的误解。两种误解的结果都是互不信任直至无话可说，没有第二种可能。从根源上分析，既有主观层面的原因，但更多的是客观层面的"沟通不足"。换句话说，隔

< 137 >

阂不是人为有意创造的，是客观环境导致的。

企业管理者处于团队中一个"中枢性"的岗位，事务繁重，责任重大，说白了比员工要忙。他可以通过各种渠道，比如人事档案、其他人的汇报、平时的印象、特殊的考验而对员工有所了解，但一般而言，他不会主动去找自己的下属就细枝末节的问题进行沟通，除非这个问题对企业非常重要。管理者有时是缺乏时间，有时是放不下架子。这样，他便缺乏对员工全面、直接和感性的认识，容易受到第三方信息的蒙蔽、本人直觉的左右和主观判断的影响，从而对员工产生认知误差，造成隔阂。例如，明明员工在认真地加班，他可能觉得是在演戏给上司看。

对员工来说应该怎么办呢？最明智的态度就是——及时、主动地去寻找机会和上司沟通，以最快的速度说明情况。在问题刚刚显露苗头时，将之消灭在"萌芽状态"；假如员工不去主动地消除芥蒂，只是一味地回避和等待（侥幸心理），以为老板能自己发现、想通，等隔阂大到一定程度，失去了晋升机遇、好的项目机会等，那时便悔之晚矣。

基层雇员更多的是在抱怨："上司站着说话不腰疼，饱汉子不知饿汉子饥，一点儿也不体谅下属。"这是我们在管理中经常遇到的普遍现象，下属认定你是残酷无情的。一线员工总会觉得上司高高在上，与员工隔心，但除了抱怨什么都没做，不采取实际行动，不伸手拉他们一把。管理者的想法则恰恰相反，他们有时间就为自己鸣冤："白白浪费了我的一番苦口婆心，我对他已是仁至义尽，得到的却是狗咬吕洞宾，不识好人心。看来得换人了，不体谅上司的员工就要换掉。"

综上所述，我们不难看出上下级之间的隔膜是与生俱来的，是管理中的常态。缺少了解和理解，这就是领导力沟通课程中提到的"**级沟**"。造成"级沟"的根本原因就是"**沟通不到位**"。如何才能消除"级沟"，消除双方的隔阂？这首先是对管理者的要求，要懂得创建三种沟通语境，拉近双方的距离。这样做对于化解上下级间的情感隔阂和信任危机，营造和谐、融洽的氛围，提升团队凝聚力都是至关重要的。

不耻下问的语境

管理者的高明之处不仅在于他的决策能力，而且在于他集思广益的能力。比如，西汉开国皇帝刘邦的沟通风格，每次遇事都会求询下属："我该怎么办？"

< 138 >

似乎显得没主见，但这恰恰表现了他的厉害之处。因为他能够不耻下问，征求下属的意见，消除了下属对他的畏惧，还启发了他们的思考，让整个团队能够各抒己见。这样一来，刘邦就获得了下属的真实见解，知道了他们心中是怎么想的，不仅做出了正确的决策，还消除了他和大臣的隔阂，统一了立场。而且，这么做也笼络了民心，使得天下名士纷纷为其出谋划策，助他成就帝业。

就是说，遇事时你应做到不急于表态，不急于下结论，不固执己见，然后，主动询问下属，把开口的机会让给他们。能够从下属那里征求到很多好的意见，再经过综合整理与共同探讨，就可以得到最佳方案。在这个过程中，管理者和员工的情感距离拉近了，团队凝聚力也加强了。假如你很讨厌征求员工的意见，喜欢独断专行，开会时只是象征性地问一下员工，然后，自己立刻做出决定，久而久之，团队的"级沟"越来越深，隔阂越来越大。你认为下属平庸、愚钝，下属则认为你难以琢磨，是个坏老板，后果就会日益严重。

换位思考的语境

上下级的沟通并非是千篇一律的固定模式，而是因时、因事、因人而异，是非常灵活的。我特别提醒企业家和团队主管们应该注意的是，沟通时要首先从对方的利益与立场出发，为对方的得失利害着想。这叫创建换位思考的语境。在这个语境中，你会发现自己无所不能，可以十分轻松地获悉员工的真实想法，并理解他们的处境、苦衷，拉近距离。

由于基层员工的劳动强度大，经常精疲力乏，业余学习的机会不多，交际层级也相对较低，见识面可能比较狭窄，这就决定了员工的关注点与管理层是有差异的。他们的思想和性格等方面可能也有缺陷。假如管理者能设身处地地体察和体谅这些，就不会轻易地迁怒于他们，就会与他们拥有更多的共同语言，产生共情，然后，制造共鸣。

遗憾的是，我们现实中的管理者大多曲高和寡，自视精英，不喜欢静下心来倾听员工的心声。要想化解隔阂，你应该纠正这种错误的沟通习惯。

实事求是的语境

通俗地说，就是本着查清原因的心态和员工沟通。和员工谈话时，管理者要实事求是，不能马马虎虎，敷衍了事，首先要把问题说得清清楚楚，其次要将发

< 139 >

生的问题搞得明明白白，不留尾巴，从根源上杜绝矛盾分歧。

比如，有的企业员工在领导力沟通课上抱怨他的老板是"马后炮"："我在整理行装、买车票时，老板从不提醒，不过问，不制止，默认我做这些事情。等我出发了，他才告诉我搭错了车。他就等我犯错，然后嘲笑我，打击我，趁机惩罚。"这种管理者是不是很惹人厌？只会造成上下级之间的超级不信任，致使隔阂越来越深。

我的建议是，现代团队的管理特别需要，也特别强调协作，尤其是事先的沟通，一定要本着实事求是的原则做好每一个环节。这就需要即时的、过程性的沟通，而不是等待事情搞砸了再上来进行"惩罚性的沟通"。只有务实的"即时沟通"才可以保证目标不偏移，才可以减少和消除误解和误会，减少和消除你和下属的对立。

72　让开会就像朋友闲谈

经常到中国出差的会议专家马提亚有近20年研究公司会议的资历。他曾为数百家全球企业提供会议方案。他说："不管大企业，还是小公司，一个有效的会议始终是最终目标，只有有效的会议，才可以帮助我们解决问题。但是那些低效的会议不仅浪费我们的时间，还成了责任者们推脱责任的战场，一般低阶员工却成了低效会议的牺牲品。"

那么，如何开一个高效的会议呢？马提亚的观点是，要让开会"就像朋友闲谈"一样，说真话，哪怕是随性的真话，也不要虚头巴脑，空费时间。不过，作为商业组织的会议——管理者和员工之间的沟通要想达到"朋友闲谈"的程度，其难度还是非常大的。

一个明确的主题

一个没有主题的会议，哪怕与会人物再怎么重量级，开起会来也是浪费大家的时间。而且，如果与会者都是抱着敷衍的态度来参加会议的话，效果就更具讽刺意味了，相当于全员参加了一次"打盹大赛"。主题是什么？是想让团队了解季度的任务完成情况，还是想解决工作过程中存在的问题，或者是讨论下一季度

< 140 >

的计划，还是三者兼具？这些类似的问题一定要明确，否则，你和员工、同事、客户等在会上就不知道做什么，沟通就是零效果。

一个合格的主持人

召开会议时，作为管理者，你要成为最称职的主持人——未必是强有力的，却一定是合格、能控场的。如果不能对沟通进行控场，就会导致大家相互推脱，相互指责，节奏走偏，最终成为争吵的战场。

一定要解决问题

没有解决问题或形成（初步）决议的会议，等于大家走了一遍过场，白白地浪费了时间。现在很多团队的会议只是重复地让大家总结问题，却没有形成如何解决问题的氛围，因此，导致人们与会时抱着无所谓、没方案的态度。会开完了，什么结果也没有。这种团队注定是一盘散沙。

不要太死板

这是对氛围和形式的要求。比如：可以在 PPT 中加入一些鲜艳的颜色，让人眼前一亮；不要让员工觉得你在训话，要保持一个轻松活跃的气氛，最好是严肃中带着点儿活泼，守规中蕴藏着创造，能让大家在愉快的氛围中交换意见。太严肃或者太轻松都不好。太严肃了，员工不敢讲真话。太轻松了，员工就对会议失去了应有的尊重和敬畏。

73　解决员工心理层面的困惑

很多企业的管理者和 HR 都有这方面的感触——员工的心理问题是很难通过技术性的培训解决的。因为人是善变无常，优柔寡断，浅薄无知，容易被操控的，心理问题就是如此。即使针对性地进行了一些培训，通常在培训时员工个个被激发的热情高涨，像打了鸡血一样，心理十分健康，但几天后又回归原样，培训的效果很难持久。不少企业将培训作为万能药，只要有问题、有弊端，就想通过培训进行调整。殊不知培训只是沟通的手段之一，并非万全之策。有时候，培

< 141 >

训就如同给久病的病人打了一剂强心针，看起来神清气爽，其实并不长久，不能治标，也不能治本，仍然会出现各种各样的心理问题，影响团队的凝聚力。

通用电力公司北美区的人力资源培训主管道格拉斯认为，由于每一名员工的家庭成长环境、教育环境不同，他们的心理问题所呈现的形态、产生的影响也有或大或小的差异。要解决员工心理层面的困惑，仅靠培训是万万不能的，主要还得依靠管理者自己在工作中灵活地进行沟通，帮助他们消除不良情绪。

有逆反心理怎么办？

现代企业的内部管理越来越严，工作标准也越来越高，员工在工作中难免会受到一些批评。批评是常态，但今天的许多年轻员工虚荣心较强，不能忍受批评，往往产生逆反心理。他们不管自己的工作表现如何，只听得了表扬，听不进批评。他们听到表扬就兴高采烈，听到批评就情绪低落，甚至仇视上司。在遭到上司和同事的批评时，他们不从自身找原因，看不到批评背后的关心与善意，反认为对方跟自己过不去，是在找茬，于是便情绪低迷，工作消极。

建议：善用榜样作比较，让员工看到那些能够接受批评的人所取得的成绩。这是最简单有效的方法，如果不起作用，说明我们该放弃这名员工了。

有抵触心理怎么办？

有些员工个性化太强，他们觉得企业的制度、禁令、监督过多，管理缺乏人性化，总觉得他在公司的一言一行都受到了全方位的监督。在他们看来，公司和领导限制了他们的自由空间，甚至认为压制了他们的创造力，从而觉得精神压抑、负担过重，于是产生了一些抵触情绪，便有意无意地违反团队的规定。比如，频频出现藐视制度、作风涣散、执行力不强等行为。当管理者要求他们执行某些任务时，他们也会强烈地抵触，或者消极对抗，有时还在团队中制造分裂。

建议：站在他们的角度去沟通，假设他们的立场是对的，让他们看看会发生什么。用可预见的消极后果让他们明白并且纠正自己的想法，恢复健康的心理。

有失衡心理怎么办？

在竞争激烈的团队中，常有心态失衡的成员。面对竞争，有的员工希望付出一滴汗水，就立即获得一分收获。他们经不起挫折，也不想经历挫折，因此，对

< 142 >

待工作忽冷忽热，情绪波动较大。主要表现在，当他们的辛苦付出没有及时得到相应的回报时，思想上就接受不了，心态便剧烈波动，甚至深感痛苦和对上司失望，产生消极的情绪。有的人还会用工作懈怠的方式来发泄怨愤。

建议：对员工进行与职业精神有关的沟通，同时，也要让他们明白"强中更有强中手"的道理。如果员工仍然坚持自己的立场，说明他的心态是比较功利的。管理者要考虑对这种员工进行处理。

有混日子心理怎么办？

还有些员工受到外部环境一些不良思潮的影响，抱着"今朝有酒今朝醉"的享乐心态在公司混日子。在平时的工作中，他们没有把精力用在提升能力、提高业绩上，而是把心思用在了打卡上下班、等着发工资的目标上，对工作被动应付，干好干坏均无所谓。

建议：和他进行一次深谈，看看能否激发他的争胜心，帮助他找回工作中的成就感。另外，也要看看当前的工作是否与他的能力、特点匹配。一般工作不匹配，对前景感到悲观时，有些员工也会得过且过。

< 143 >

◆ 如何在沟通时消除员工误解？

× 不用关心员工是否误解你，管理者只需做出决策，让他们执行就可以。

√ 经常和员工坦诚地交换看法，并且，做到表里如一，消除员工对你的负面印象。

◆ 如何在沟通中实现对员工的成功授权？

× 赋予员工做事的权力就可以，其他事情让他们自己解决。

√ 不仅要赋予权力，还要帮员工调度、协调资源，全力支持。

◆ 如何用信任增强团队的凝聚力？

× 用制度和书面文件进行约定。

√ 准时兑现你对员工的每一个承诺。

◆ 如何化解上下级之间的心理隔阂？

× 告诉员工你是怎么想的就可以。

√ 要做到相互信任，创造针对性的语境进行沟通，拉近双方的情感距离。

< 144 >

第十课

真诚（Sincerity）:

没有真诚的态度，就沟通不出好效果

◆管理人员要将沟通重心调整过来，重点对下沟通，而不是向上汇报。对下沟通，就是实心实意地向下属宣讲、解释公司的决策，站在员工的角度思考问题，了解他们的需求。

◆建立良好的沟通渠道和高效的沟通方式，就是以平等的心态与下属进行推心置腹的沟通。比如，对员工提出的合理化建议及时地给予反馈，在正式决策前留出足够的讨论时间。

◆有时沟通就像打仗，要给自己争取盟军，立稳脚跟，然后，步步为营，达到目的。这一切的成功，都取决于你的勇气，敢不敢表达你的想法，去与对方充分地交谈，展示你的实力。如果没有开口的勇气，对方会觉得你虚弱无力，你就会被他控制，也就很难获得什么沟通成果了。

◆"一对一谈话"是一种亲密的沟通形式，是只专注于你和另一个人的。它是把复杂和不确定的内容放到一个私密场合做充分、深入的讨论。因此，如果你们聊的尽是一些毫无争议的信息，那么，这就成了效率最低的交流方式。

74 为什么你的"实话"，员工却觉得是欺骗？

我的一位客户罗先生跟我说，他简直不太理解现在的年轻人。有时他跟员工们讲假话，员工们很相信。他讲实话时，员工们却觉得是在欺骗他们。乍一听我也不理解，后来详细询问后才知道，是因为罗先生多次在工资计划的问题上忽悠了几名下属，在他们心中留下了不良印象。于是，员工认定老板不会说实话。等罗先生真的决定给员工期权奖励时，大家都不相信了。

管理者如果一贯地弄虚作假，员工就会觉得你是不真诚的。不管你说什么，他们都认为是一种欺骗行为。这就是为什么任正非一再强调"华为的企业文化是实事求是"的原因。早在 2007 年时，华为就举行了首次《EMT 自律宣言》（EMT 是华为日常经营的最高责任机构，受董事会委托执行华为的日常管理，属于核心管理层）的宣誓大会。在这场会议中，任正非要求华为的管理层要宣誓做到："反对官僚主义，反对不作为，反对文山会海，反对繁文缛节。绝不搞迎来送往，

< 146 >

不给上级送礼，不当面赞扬上级，把精力放在为客户服务上。"

这对管理人员提出了极高的要求，也是华为精神的体现。任正非甚至向员工承诺，讲真话，多举报，在华为就可以升官发财，没人敢打击报复。正是因为他数年如一日地灌输和力行这种文化，使华为形成了十分健康与正派的沟通氛围，上下级间的信任度很高，员工们干劲儿十足，具有强大的进取心，公司蒸蒸日上。具体表现在，管理者一诺千金，沟通的效果非常好。这说明，有了真诚的态度，团队的沟通才能顺畅起来，员工才不会阳奉阴违，团队执行力才有了坚实的保证。

鼓励说实话的文化

在平时的管理中，我经常对下面的管理人员强调一句话："**你们的脑袋要对着员工，屁股则要对着老板。**"这句话之所以反复宣讲，是因为中层管理人员基于自身利益的需求，经常不对基层员工说实话。大部分公司会出现基层离心离德的现象，就是因为中层干部把力气花在了讨好上级方面，而非考虑员工的需求。因此，在管理中鼓励说实话，建立说实话的文化氛围，才能有效地遏制这个问题的发生。

将重心放到"对下沟通"，而不是"向上汇报"

我们提供的解决方案是，管理人员要将自己的沟通重心调整过来，重点对下沟通，而不是向上汇报。对下沟通，就是实心实意地向下属宣讲、解释公司的决策，站在员工的角度思考问题，了解他们的需求，然后，再不加以修饰地汇报给上司，反馈到管理层。如果只顾向上汇报，中层干部就很容易变得欺上瞒下，公司的管理便"失真"了。

75　真诚，首先从"走心"开始

20世纪30年代末，著名教育家陶行知先生曾担任育才学校的校长。有一天，他看到一位男生欲用砖头砸同学，就上前制止，把他叫到办公室。男生先去办公室等他。陶行知到了后，拿出一块糖递给他："这是我奖励你的，因为你比我先

< 147 >

来了。"接着又拿出了第二块糖："这也是奖给你的，我不让你打人，你立刻住手，说明你很尊重我。"

男生此时的心态复杂万千，将信将疑地接过了糖果。陶行知又说："据我了解，你打同学是因为他欺负女生，说明你有正义感。"于是，又掏出第三块糖递给他。这时，男生流下了眼泪，道歉说："校长，我错了，同学再不对，我也不能打他。"陶行知又拿出了第四块糖："你已经认错，再奖你一块。好了，我们的谈话结束了。"

走心，就是开诚布公

这个故事的核心就是"走心"。陶行知开诚布公，十分客观细致地将男生的行为细节做了一次接地气的分析，而不是不分青红皂白地大骂一通或训斥一顿（多数人的做法），起到了最佳的沟通效果。在管理沟通中，开诚布公也是团队合作中最为重要的环节。人与人之间遮遮掩掩，言不由衷，甚至挑拨是非的做法，显然都会严重破坏团队中的工作氛围，阻碍团队成员间的正常交流，并且最终导致项目或企业的经营失败。所以，真诚其实就是从开诚布公开始。做到了开诚布公，我们也就做到了"走心"。

即便反对，也要用建设性的语言

对于下属的意见，即便有一万个不同意，我们也一定要用建设性的语言提出。建设性的语言对团队的工作展开起着关键作用。有研究表明，团队成员 80% 的工作动力来自于管理者在沟通时的语言——在讨论问题时，哪怕是反对、不完全同意员工的想法，也应使用建设性的语言与员工探讨。这是对员工极大的尊重，可以赋予其强大的工作动力。也就是说，提反对意见时，我们也要"走心"。

76 放低姿态，让员工不觉得自己"被命令"

第一，对员工的任何计划、建议、意见和问题都要及时地给出反馈意见，体现对他的尊重。

< 148 >

有一次，艾力克和我交流。他发现下属在他下达命令时，脸上总是一副"按照你说的去做不就得了"不耐烦的表情，或是让他感觉下属颇有一种"人在屋檐下，不得不低头"的受辱感。员工在执行他的命令时十分痛苦。他不明白怎么回事："我语气很好，从不对他们颐指气使，为何他们会这样对我？"经过沟通，我明白了，他在下达命令时总是用一种不容置疑的态度。虽然语气不强硬，可他也听不进员工的建议，绝不考虑一下是否有更好的选择。对下属的相反意见，他采用的是一种"温柔拒绝"的冷暴力方式。时间久了，大家就开始表现出让他困惑的态度。

面对这种情况，管理者必须开始反省自己平常的言论是否过于独断专行，是否因忽略了下属的想法与感受，造成了员工对你的极度不信任、不理解。**建立良好的沟通渠道和高效的沟通方式，就是以平等的心态与下属进行推心置腹的沟通**。比如，对员工提出的合理化建议及时地给予反馈，在正式决策前留出与员工讨论的时间。你放低姿态，尊重员工的建议，他们才不会觉得你在命令他。

第二，下达命令时，要简明扼要地表明要求，同时，留出缓冲的余地。

某公司的业务部门接到一个大订单，客户要求在 20 天内完成。主管兴奋地召集人员开会："按我们公司目前的生产速度，肯定能够按时交货，而且可以提前交付。我决定这次订单必须在 15 天内完成。在座的各位辛苦了。在接下来的日子里，大家要同心协力地完成这个目标。"

听起来这是简单清晰的指令，不但清楚地交代了任务，而且让员工听得省力，通俗易懂。但是，最后这次重要的任务却没有按时完成，为什么？原因在于主管没有留出完成任务的缓冲时间。因为意外总是难以避免的，管理者就需要留出空余的时间来应对意外的发生。他一厢情愿地制定了 15 天的工期，然后，就发布了命令，丝毫没有听一听员工的意见。最后，不仅任务没完成，还让员工觉得领导不靠谱。员工对他很不满。结果，不仅客户不满意，员工也不高兴，公司还损失了部分收入。

77　"我愿意听你说！"

有一家公司的主管王先生总想和下属搞好关系，让下属觉得自己是在关心他

< 149 >

们，于是经常跟他们聊天。可是，他最近发现，自己非但没有给下属留下好印象，反而时常听到下属私下里对自己的抱怨，说他管得太严了，好像总在强制给人洗脑一样。员工不想听他讲话。有时员工在茶水间里遇到他都会赶紧走开，因为怕他拉着自己"说教"。

王主管本想增加自身的亲和力，现在反而让下属更厌烦他了。这是因为他在沟通中用错了方法，自己说得多，听别人讲得少，所以无法走进员工的内心，反而让人觉得他非常虚伪。人们读书时讨厌这样的老师，工作时当然也反感这样的上司。

现实中，有些管理者在和下属沟通时，只顾自己说，不懂得主动降低身份，就像强行给下属灌输某种思想一样，这是让员工厌倦和上司谈话的主要原因。要想让人们愿意听你讲话，首先你要控制自己的表达欲，多听一听员工的心声，了解一下员工的需求，然后再量体裁衣，阐述你的想法，给出恰当的意见。实际上，一句"我愿意听你说"比"你听我说"的效果要强上百倍、千倍。

由于生活态度和对世界的认知差别，我们不可能理解发生在他人身上的每一件事。当你难以理解某件事或者某一个事物时，别着急批判和否定，耐下心来，先倾听，然后尝试着理解他们，最后再尝试着向他们讲明道理。

情绪和情感是人类行为中最复杂的一面，也是人类生活中最重要的一面。如果沟通中出现了僵局，一定是双方或某一方产生了抵触情绪，你们说的彼此不中听，或者你讲的对方不感兴趣，因而厌烦。这时，如果想避开"暗礁"，让谈话顺利地进行下去，建立良好的人际关系，就得考虑到对方的情感需求和情绪状态，有针对性地进行沟通，以便做到有的放矢。

要用倾听的方式获知员工的兴趣，再针对他们的兴趣重点讲述，然后延伸到你所要阐述的话题。生活中人们的关系是复杂的，兴趣也不同。即使是相似的人之间也存在着完全相反的兴趣，说话时兴趣冲突，彼此便很难说下去。这时，如果想改善沟通，可以先成为一个好听众，倾听对方的讲述，判断他的兴趣点，再结合这个话题重点交流，和他产生共鸣，然后对方才愿意听你讲。

沟通时，适当对下属传递关怀之情

如果管理者对自己的下属完全没有关怀之情，就会表现出高高在上、冷漠的态度，就会人为地在两者之间筑起一道无形的墙，容易导致下属的逆反行为，甚

< 150 >

至矛盾升级。上司想让下属信服，消除疑虑心理和对立情绪，首先要以满腔的热情感化他们，爱护他们，对他们的思想、工作、生活等方面给予无微不至的关怀。就是说，沟通时要持有真心和真情，这才是管理者打动员工的灵丹妙药。

听他们讲一下困难，为他们排忧解难

当员工遇到困难时，如果能够及时发现，然后问一句："有什么烦恼，能告诉我吗，看看我能否帮点儿小忙？"能够伸出援助之手，员工就会发自内心地感激你。当他们在公司受到排挤打击、蒙受冤屈、背上黑锅时，你如果敢于站出来秉公直言，伸张正义，你在他们心目中的形象就会高大起来。这样就能增强员工对你的信任，拉近彼此的距离，改善和他们的关系。在此基础上，你再逐步提出合理的要求，员工就会非常卖力地执行。

78 开口要有底线，不要含糊其辞

英国有一位出色的公关大师曾经说过："沟通有时就像打仗，要给自己争取盟军，立稳脚跟，然后步步为营，达到目的。这一切的成功，都取决于你的勇气，敢不敢表达你的想法，去与对方充分地交谈，展示你的实力。如果没有开口的勇气，对方会觉得你虚弱无力，你就会被他控制，也就很难获得什么成果了。"

聪明的管理者也深知这一点。对待个性迥异、要求很高的员工，他们经常能以清晰明确的语言阐述自己的观点，从心理上震慑下属，进而附以鞭辟入里的说辞，让他们明白这是不容协商的底线。在这个过程中，最忌讳的是犹豫不决，露了怯意。所以开口的前三秒是非常重要的。管理者一定要敢说，才能变得会说。

当员工想要提出一些工作条件和加薪的要求时，你如果说："你先给我把活干好，然后我再给你加薪。"这么说也不合适，不是底气，而是要挟。说完这句话，你在员工心目中的形象就完了。沟通的规则就是这样，你必须有底气，才会有真正的勇气。管理者要先发制人，就得评估他的能力和工作表现，主动给员工增加薪水，然后再提要求："你必须把工作做好。"

只有设立底线，在和员工沟通时，我们才能建立自信。具体表现在三个方面：

< 151 >

第一，根据公司的需要，管理者应知道什么该说，什么不该说。一个跟下属无话不谈的管理者，在我看来是非常失败的。你必须有选择地跟员工分享信息，特别在涉及企业的机密和信息权限时，保密就是你的底线。

第二，明白自己的最低要求，也就是绝不能退让的原则。比如，当员工试图和你讨价还价时，你的底线是什么？你会为了团队的和谐而一味地退让，满足下属得寸进尺的要求吗？一定要明白自己的最低要求，为沟通设置一条红线。

第三，你要懂得对方需要什么，也就是充分地"了解人性"，才能设置底线。要在沟通前调查了解员工的需求，然后，为沟通划定一个双方都能接受的区间，最终实现互相满足。把工作提前做好，在沟通时尽量减少试探，才能体现出管理者的诚意。

79 一对一的"私密谈话"

工作中，我们跟下属经常会进行"闭门会议"，也就是一对一谈话。一般来说（而且通常是这样），好的一对一谈话是让双方都感到不舒服的。因为公开场合能讲的话没必要放到一对一的场合去讲。我们每次和员工一对一谈话时，至少都要讲一件不太舒服的事。比如，"**批评与自我批评**"，或者涉及员工隐私的问题。

现实中，我们发现，管理者在工作中可能会遇到很多一对一谈话的情况，和同事、上级、员工或其他部门的人。但不幸的是，大部分人完全浪费掉了这么宝贵的谈话时间。问题就在于他们不敢接触"不太舒服"的话题。

要说到实质的内容

"一对一谈话"是一种亲密的沟通形式，是只专注于你和另一个人的。它是把复杂和不确定的内容放到一个私密场合做充分、深入的讨论。因此，如果你们聊的尽是一些毫无争议的信息，那么，这就成了效率最低的交流方式。

改善的原则是，你务必要说到实质的内容。你可以提前制定一份沟通概要，哪怕是负面的反馈、争吵、抱怨，这些都可以。这样做对沟通是有帮助的，十分宝贵，而且，结果也往往是可喜的。因为你了解了员工的心声，也让他知道了你

< 152 >

在想什么。现在问一问自己：这样的谈话困难吗？一点儿也不困难。这是解决实质难题的好机会，重点是你要敢于说出口，不要谨小慎微，不要怕说错话，也不要害怕刺激对方。

不要回避尴尬的话题

公司刚成立的前几年，我作为一个管理者总是害怕和员工进行尴尬的对话，甚至唯恐避之不及。因为这些谈话让我感到很不舒服，我也害怕员工不舒服。但是，后来我慢慢地发现自己是在浪费同另一个人单独谈话的时间，而这是一种很宝贵的资源。即便是尴尬的议题，在这时拿出来讨论也是很有意义的。经过一段时间的磨炼后，我逐渐变得适应起来，不再回避哪怕是十分乏味、无趣的一对一谈话，只要交流是富有价值的。

重点是：

第一，不要讨论任何可以在公开场合讨论的话题。那些可以在会议室、咖啡厅当着众人说，可以让人听到的话题，都不应该出现在一对一谈话中。你能采用其他任意一种方式，比如邮件、会议、小组讨论等，在哪里说都行，但是，别在一对一谈话里出现。

第二，面对尴尬的话题，不要回避。想要解决问题就别无他法，只有正面对待，才能打破一些问题的循环往复以及谈判僵局。比如，员工质问你："你为何不给我涨薪，是觉得我能力不够吗？""你为何将我调到分公司，是不是对我有意见？"这种你非常想让人事部门处理的话题，这时也不要完全拒绝回答。争取在一对一谈话时圆满地解决它。只有这样，才能帮助你和员工建立信任关系，才会为你们两个都带来成长。

80 微笑写在脸上，还要发自内心

微笑是我们在语言交流时最基本的动作和表情。它体现了一个人的精神面貌、修养内涵、人生态度和生活状态。微笑也是在表达观点时向对方传递友善信息时的必备表情。没有任何人或组织愿意跟一个说话时满脸僵硬的人打交道。

国外有一位励志大师说过："如果你不漂亮，就要使自己有才华。如果你既

< 153 >

不漂亮，又没有才华，你就要学会微笑。"即使你什么都没有，只要脸上挂着得体的笑容，也会给人们留下些许好感。它胜过一切语言和肢体动作。

我曾经见过一位从业 20 年的沟通专家。她代表不同的公司到全世界各地说服客户，也和自己的员工对话。她懂的语言并不多，但人们都愿意听她讲话，和她交流。这位专家的秘诀就是微笑。她不管有多么的生气，准备说多么无情的商业语言，哪怕是应公司要求跟对方撕毁合作，她的脸上也是带着笑容，而且笑容非常优雅。在管理团队方面，她也非常成功，受到下属普遍的尊敬。

于是，和那些一本正经地进行商业谈判的人相比，她总能柔和、顺利地达到目的。客户一边签下合约，一边向她道歉。员工也能接受她的严格要求。这是因为她的微笑与语言共同起到了作用。至少，她这么做能赢得对方起码的尊重。在不久的将来，人们仍然记得她，希望再次合作时仍能与她沟通。

越是严肃、负面的沟通，越要保持微笑

在一些严肃甚至有激烈矛盾冲突的沟通场所，我们看到与会者往往剑拔弩张，彼此很不友好。这其实不是一种好的沟通方式。在这种情况下，人人都感觉很紧张，箭在弦上，随时都有可能发生更激烈的冲突。

越是沟通高手，在这种时候就越轻松，尤其是面部表情，是不会轻易地流露出生气、愤怒、焦虑等神情的。这只会影响说话的效果，让别人猜测出你的真实水平。真诚并不意味着幼稚，微笑有时可以起到掩饰真实情绪的作用。

美国一家世界 500 强公司的总裁曾经说过："我特别讨厌听到坏消息，也非常抗拒跟人讨价还价。因为这意味着坐在对面的那个人对你说的每一个字都不相信，你很难吸引他。怎么办呢？我会和他欢声笑语，谈一些别的事情。不要让笑容从你的脸上消失。不管你遇到了多大的问题，都要微笑着阐述你的看法，这才是征服人的利器。如果你板着脸，氛围就会更加紧张，那就没得谈了。"

微笑是你能利用的最真诚的武器

我们每天或多或少都会遇到一些不顺心或者委屈的事情，沟通时也会遇到激烈的冲突、严肃的话题等，世事无法在我们的掌控之中。这是一个改变不了的现实。但是，懂得用微笑来控制情绪和化解矛盾的表达方式，却能在不利的局面中为我们争取最好的结果。

< 154 >

81 不要用"和这人聊不来"的借口去应付沟通

即刻开始，别找借口

"和每个人平等沟通"是管理者与员工的契约。但有些团队主管却有个毛病："我和某个员工真的聊不来，他很让人讨厌。因此，我刻意不和他谈。"带着这种态度，他和员工的沟通就很应付，像在完成一场法定仪式，毫无诚意可言。如果你也有这种想法，那么，从此刻起，就要唤醒自己的契约精神——作为管理者，和每一名员工平等地沟通是你的义务，是必须做好的工作。

"谈不到一块儿去"也要谈

你别妄想有其他不用当面对话的沟通渠道，比如，只依靠书面、邮件、第三方传话等。如果你在非正式的"一对一谈话"里都和员工说不到点子上，很有可能你在其他沟通渠道表现得也不怎么样。即使和这个人谈不下去，也要主动地尝试沟通，把你所有的想法，简单或复杂的问题说出来。你强制自己与对方交谈，这也是真诚的一种表现。

有一个"好开头"，后面会越来越简单

所有的沟通皆是如此，我们需要一个好的开头。成功的关键在于练习，而练习总会让人有点儿难受。比如，"第一次谈话"，假如你不喜欢他，对他没有好印象，未免有些尴尬。但是有一个开头后，后面的沟通就变得简单了。重要的是，要在第一次沟通时取得对方的理解。如果你能率先倾听他的心声，看看这个员工有哪些你尚不知道的一面，未来的沟通就会顺利许多。在创建一个"好开头"时，我们可以和员工谈任何话题。比如，问一问他最担心什么，聊一聊各自的职业生涯、体育比赛等，也可以跟他分享一下你在担心什么。一旦沟通走上正轨，就能无话不谈了。

< 155 >

◆ 如何才能让员工相信你的"真诚"？

× 在沟通时，只要说出"想说的话"，并让员工相信就可以了。

√ 开诚布公地表达自己的要求，但也要站在员工的角度思考。

◆ 如何真正地放低姿态？

× 不要装腔作势，要严肃认真地谈。

√ 发布命令时，既要让员工听得懂，也要留出讨论时间，不要让他们觉得被命令。

◆ 如何在员工沟通时展示自己的"底线"？

× 明确地告知他们，自己会用制度和规定作为沟通的红线。

√ 要清晰地表明态度，同时，也要展示你的诚意。

◆ 如何看待一对一谈话这种沟通方式？

× 觉得有必要时就一对一谈话。

√ 要谈到实质性的内容，不要回避尴尬的话题。

◆ 和员工聊不来时，怎么沟通？

× 实在聊不来，就不要跟他谈了，用企业的规章制度管好他就行。

√ 采取各种策略尝试沟通，特别是了解员工的真实心声。

< 156 >

第十一课

变通（Adaptations）:
随时创造沟通的弹性

◆无论你是否担任管理者，建立领导力的第一步都是培养一个和思维有关的技能——这个技能是大多数人十分紧缺的，叫作从不同的视角思考问题。

◆我们针对一个人或者一小部分人可以讲情理，针对足够大的群体就只能讲规则。另外，你要格外小心，我们的员工十分擅长以情动人。他们希望上司可以被"感动"，进而突破原则，给予他们特殊照顾。

◆越是随机的沟通，其效果就越好。相反，在刻意准备的沟通中，人们不容易放下心防，很难从他们嘴里听到真实的信息。

◆一个总是习惯跟员工开玩笑的管理者，未免会被下属认为是一个浮夸和随意的上司。偶尔开一次玩笑可以，但是，经常性地调侃，则只会令属下更为散漫，更加无法管理。

82 跳出思维定式，改变你的沟通习惯

在今天，有很多企业管理人员不知道"如何管理人"，却坐上了管理的职位。具体表现在，**他们不懂得从不同的角度看待问题**。这是因为，这些新任的管理者基本上没有受过或者只受过一点儿"人员管理"的培训，也不知道如何做领导，便十分轻易地当上了项目小组、部门甚至高级管理层的领导，尽管管理是他们工作的唯一核心。

普林斯顿大学的管理学教授查理这样形容："我们当中的绝大多数管理者不太会更高层的社交技能，比如，精明地解决冲突、谈判、论证以及说服性的沟通。他们就像光着身子被扔进了一座深水池，变成了一个'恐惧型上司'。他们在管理，他们也怕管理。他们有需要完成的数字，有要沟通的对象，有要动员的团队，但除了会喊一句'不惜代价'外，他们并没有什么具体的策略。更让人灰心的是，他们还大多是顽固主义者，思维十分受限，且不懂得灵活调整。"

沟通需要"选取视角"

这里我们要谈到一个**视角**问题。无论你目前是否正在管理团队，建立领导力

< 158 >

的第一步都是培养一个和思维有关的技能——这个技能是大多数人十分紧缺的，叫作从不同的视角思考问题。要想成为一个高效团队的管理者或项目带头人，你就必须精通从不同的视角看问题。否则，在沟通时你很难跳出定式思维，获得一些创新性的观点。

跳出自己的"思维牢笼"

你可以从下面简单的一步开始，尝试跳出自己的"思维牢笼"。当你参与各式各样的对话时，比如面对面的谈话、电话、电子邮件交流、讨论以及短信沟通时，或者当你发现某个对话很困难，让你感到很困惑时，不要急于按照陈旧的思维方式表态，做出决策，而是先记下来，允许自己有一个较长的思考期。我们将这个时间定为一天，也就是 24 小时。

在一天结束后，回头再查看自己的记录，回想一下，今天哪部分的沟通让你觉得比较沮丧（有受挫感），然后，努力跳出自己当下的思维，对自己提出一些问题：

第一，为什么我的同事、员工、老板、客户或其他人都采取了这样的立场？

第二，为什么他们对这个话题的看法与我不同？

第三，他们的观点从何而来？

这是一个从别人的视角看问题的开始。一旦你能尝试这么想，那些让你困惑不堪的问题便烟消云散了。当你越是能够有意识地跳出自己的思维牢笼，从别人的角度看待问题时，你就会变得越加强大。这体现在沟通中就是你能够逐渐理解别人的思路，修正自己的思考，未来的沟通也开始变得积极和富有创新性。

83　如果沟通不可避免，那就主动去说

芝加哥一家汽车出租公司的销售副总经理麦克在午餐时对助理恺撒宣布了一项计划："恺撒，我终于敢说我们这个小小的汽车出租公司快要时来运转了。经过一年的运营，我认为我们就要与那些大公司相抗衡了。例如，我们的价格结构是它们难以对付的。有时，甚至我自己也不明白我们怎么能做到以现在的价格租出汽车。这个价格太低廉了，很快就能把对手挤死。"

< 159 >

他接着说："听着，让我告诉你，关于我们扩大营业的计划。我打算将公司租车的调度系统与飞机订票业务连接起来。那些大的汽车出租公司都和飞机航线挂了钩，我想我们也能够挂上。这不是一件多难的事。我可不想把我们的营业与那些便宜的汽车旅馆连接起来。你知道吗，租我们车的人所付的租金和住宿费用要比那些大公司便宜得多。为了做到这一点，我们可能把商业版图扩大到边远的地区，特别是美国的周边。从长远看，这样做是值得的。我们已做好准备让公司业务来一次大的飞跃！"

虽然麦克越说越高兴，但恺撒回答说："麦克，我感到奇怪，你会在目前的情况下提出扩大营业规模的问题。我最近得到的消息是不太乐观的。生意好像在急剧地走下坡路。我们公司在中西部地区的出租率比平常少了大约35%，东部地区至少下降了25%。"

麦克立即反驳道："不，我认为最近飞机航线的营业额是有点儿下降，我们与飞机业务连得太紧了，这没关系。要不了几个月，需求量就会回升到前所未有的高度了。"

这时，恺撒说："我有个主意，我们给中西部地区的分公司经理巴莱打个电话，看他是不是注意到真的有问题，你说呢？"

巴莱接通电话后，十分生气地说："我希望自己能知道更多的问题，但只有我一个人来管十个州的业务。生意看来不妙，我还不能确定原因。我在几个地方听到一些顾客的牢骚。但我们即使把高级轿车罗尔·罗伊斯租给他们，每英里只要一角五分，一天只要二十美元，他们也会有意见。他们不是说烟灰缸脏，就是嫌轮胎气不足。"

这个案例并不复杂，结合人物的职位，其实为我们揭示了一些隐藏的沟通问题：

第一，管理者的错误。 这家公司的经营现状堪忧，身为销售副总经理的麦克竟然一无所知。为什么会这样？作为案例中职位最高的人，他犯了哪些错误？

第二，管理者的任务。 在日常管理中，你对基层的实际情况了解多少？如果你不主动询问，知情者为什么不向你汇报信息，反映真相？

第三，管理者的远见。 麦克（公司的管理者）怎样才能防止今后不再发生这种不可控制的情况？

第四，我们从中学到了什么。 我们应当如何认识和克服团队内部的沟通障

< 160 >

碍？当沟通不可避免时，你会主动向下属了解情况，与基层员工沟通吗？

84　既要情理兼容，也要守住原则

在团队管理中，要做到情理兼容是很难的，这需要有很大的灵活性。但无论如何，管理者都要在变通的同时，守住最基本的原则。比如，我们针对一个人或者一小部分人可以讲情理，针对足够大的群体就只能讲规则。另外，你也要格外小心。我们的员工十分擅长以情动人。他们希望上司可以被"感动"，进而突破原则，给予他们特殊照顾。

有一次，一位下属敲开了我办公室的门。她一脸委屈地进来，坐在沙发上开始倾述这段时间她过得有多么艰难，人生不易，一直讲了五分钟。在这五分钟的时间内，她差不多说遍了一个人在生活和工作中能遇到的所有难题。最后，她突然闭嘴了，开始哭泣，流下了眼泪。

碰到这样的下属，你是不是感觉莫名其妙？或者有些慌神？所以我给她倒了一杯水拿过去，请她喝杯水冷静一下，然后问她："你到底想说什么？最好马上告诉我。"

这时，她才有些怯弱地小声说："我已经来公司工作13个月了，这是第二个年头。您能否给我涨薪？否则，我就活不下去了。我的家庭开支太大了，只有您能够解决。"

我回答说："这是一个正经的问题。你完全可以一进来就直截了当地告诉我。现在我的回复是，去找人力资源部门提出你的申请，他们会在这个月给出一个书面评估，决定是否应该给你涨薪。"

你看，对于相当一部分人来说，沟通时的"核心问题"经常是藏在最后的。遇到这种情境时，对问题进行充分以及敏锐的预判就显得十分重要。管理者千万不要被对方的表象迷惑，以至于做出合乎情理却不符合原则的决定。在选择沟通策略时，管理者要视具体情况，看到员工含糊其辞背后的想要对你表达的真正问题。想要做到情理兼容，就不能违背公司的基本规则。

< 161 >

85　成为一个有趣而不古板的人

　　如果你是公司的一名管理者，平日里高高在上，一脸的严肃，永远没有笑容，那么，下属一定会对你敬而远之。管理者只有成为一个有趣的人，在沟通中才能和下属聊得开，成为一个受下属拥戴的沟通高手。

　　20 世纪日本著名教育家和心理学家多湖辉称幽默为"语言的酵母"。幽默是一个人智慧和心灵的结合体，也是一个人气度和修养的表现。严肃庄重的气氛总会让人感到压抑和紧张。轻松幽默的话题和氛围，就会给人一种如饮仙露般的感觉。特别是在长时间的谈话中，时而用幽默活跃一下氛围，就显得至关重要。

　　某杂志社的管理一直很混乱，属于无组织无纪律的状况。特别是上一个主编走了以后，员工们就更"自在"了。上班时间，大家各忙各的，有的人上网，有的人看电视剧，有的人说笑……总之，大家就是不认真工作。前前后后换了几任主编，但都管理不好这帮懒散惯了的下属。他们总是联合起来故意给领导找气受。

　　一天，杂志社来了一位姓杜的新主编。杜主编刚来的这天要开早会，员工们都无精打采地坐在会议室里，有的窃窃私语，有的看着天花板发呆，还有的在闭眼打瞌睡。员工们完全没把新官上任的杜主编放在眼里。

　　看到这样的情景，杜主编既没有生气，也没有破口大骂，而是笑嘻嘻地说："看来大家已经和杂志社融为一体了，杂志社目前的状态严重影响了大家的心情。"接着她笑了笑，说："让我把笑声送给'困'境中的同事们，天将降大任于我们也！杂志社就靠你们养活了。"有的同事听了这番话，就故意刁难："这几个月来都没有什么业务，自己都养不活，还拿什么养杂志社呀？"杜主编用俏皮的口吻说："业务不敢来，恐怕是感染了你们无忧无虑的天真性格和超然世外的淡泊精神。"

　　这一席话，让大家忍俊不禁，对她的印象大为改观，顿时打起了精神。杜主编幽默地将下属现在消沉的状态描述了出来，不但没有引起强烈的抵触情绪，还活跃了会议的气氛。她没有严厉地批评、训斥下属的无所作为，而是用轻松诙谐的语气调侃他们工作上的缺陷，使他们在大笑之余深刻反思自己对工作的态度。

　　新官上任的杜主编用幽默的方式放了三把火，但她既没有烧到自己，也没有烧到下属，而且还把杂志社的前途照亮了，把她和下属的关系照亮了。这就是幽

< 162 >

默所具有的魅力，不仅拉近了与他人的距离，建立了和谐的人际关系，还为自己的人格魅力增加了风采。

86　如何在办公室创造不经意的沟通机会？

这么多年来，我从管理中总结出一条和沟通有关的经验是：有很多特殊的问题，并不需要专门拿出来放到会议桌上或者十分严肃地去谈。有大量的事情本来就是三两句话就能说清楚的，完全可以在会议室外面就能完成沟通。因此，我们在沟通课中提出了"无死角沟通"的概念，也称为"全角落沟通"。即，管理者可以利用工作中的任何机会，在任何一个区域和员工交换信息，讨论问题。

在工作和对其他企业的调查中，我也发现，**越是随机的沟通，其效果就越好**。相反，在刻意准备的沟通中，人们不容易放下心防，很难从人们嘴里听到真实的信息。所以，现在很多管理者喜欢在咖啡间和下属聊天，或者采取更随意的方式，比如"偶遇"时突然叫住员工，就某个具体的问题聊几句，非常高效地达到了目的。

第一，把握好短暂照面的机会。在办公室中，我们和员工除了正式的沟通机会外，还有很多非正式的沟通机会。沟通机会可以说无处不在，只要你有心。比如，在电梯口、走廊、茶水间或餐厅等。如果你能利用这稍纵即逝的机会来和员工交谈，解决一些小问题，用简洁的语言和行为来与员工形成某种形式的深层次交流，可以解决很多严肃的正式沟通所解决不了的问题。把握这些不经意间的机会，能给我们带来意外的收获。

第二，利用不经意的动作传达信息。在非正式沟通时，动作不妨随性一点儿，不要总是恪守管理者的身份，也不要总是机械地保持一个严肃的姿态。我们的动作要有传达信息的功能，比如，一个称赞的手势、微笑的眼神，或者是一杯水，在沟通时都足以令员工感动，给员工留下深刻的印象，对谈话会有意想不到的正面帮助。

< 163 >

87 制造话题，打破"尬聊"

"兴趣"——也就是话题，是人和人交流的润滑剂。如果你们谈论的话题对方不感兴趣，你会感觉对方言语比较少，参与度迅速降低。即便你对这个话题很得意，尽管你说得天花乱坠，别人也听不进去。这样的谈话自然就变得很没意思，气氛也会慢慢地冷下来。

如果你在工作中恰巧遇到一个喜欢聊天的人，通过拉家常找话题的方法，基本上见第一面就会成为朋友。这样的人天南海北的话题都能聊，而且思维发散，话匣子打开就收不住了。从哪条街上有好吃的饭馆，到邻居家孩子6岁还在尿床，任何话题他都能聊，而且他让你感觉很有趣，是个非常有生活气息的人。

越是这种接地气的内容，就越容易让对方在感情上产生强烈的共鸣，从而快速地热络起来，在不知不觉中建立亲近感，拉近双方的距离。

我们需要寻找一个双方都愿意一起讨论的话题，创造出能够继续交谈的和谐氛围。而且，你要不露声色地达到这种效果。比如，有的管理者刚刚空降到一个部门时，经常跟员工聊天。他不谈工作，而是询问他们的生活问题，这就是利用拉家常的方式来了解员工的兴趣，进而为自己后面要讲的内容做好铺垫。聪明的管理者都知道，只要让自己融入员工的生活琐事，便能发现他们最感兴趣的问题，然后对症下药，说出自己的观点。只要管理者能够解决员工们的思想难题，以后的工作就很好做了。

在一次会议上，有一位普通工程师有幸和公司的一位高层领导聊天。这位公司高层不仅关心科研进展情况，还详细地询问了工程师的身体、家庭情况。当得知工程师的住房不宽敞时，这位高层立即要求相关部门帮助解决。

事后，工程师感动地说："领导整天有那么多大事要忙，还关心我的生活。领导为我考虑得那么细致，我还有什么好说的呢？"

从此以后，这名工程师对这位领导的话无不遵从，对他非常信服。每当有什么工作要布置时，这位工程师总是第一个站出来支持这位公司领导。

当你发现对方对你的话题不感兴趣时，就要学会及时中止。比如，当一个人对我们提出的话题感兴趣时，通常会有下面的这些表现：

他的身体稍微向前倾，看起来很有兴趣，而且，他的眼睛一直望着你。

他的嘴角上扬，眉毛上扬，会随着你的话题内容而表现出不同的表情，或开

< 164 >

心，或吃惊，或悲伤，或无奈等。

并且，他会积极回答你的提问，比如："真的是这样吗？""结局竟然是这样的呀？""太出乎我的意外啦！"

但当一个人对你的话题不感兴趣时，往往会具有这样的表现：

他的身体不再往前倾，而是往后靠，或者抱着胳膊，用手捂着嘴巴，或者眼神飘忽，连连打哈欠，等。

也许他会回应你的问题，但也只会说："好""行""可以""哦"等。

如果对方对你提出的话题（问题）表现出感兴趣，就可以继续谈论下去。若当对方表现出厌倦，或者不在乎时，你就要懂得及时转换话题，适当地、识趣地中止提问，以免沟通陷入尴尬的困境。

88　什么时候可以开玩笑？

在领导力沟通课程中，我们曾经就一个比较敏感的问题进行过专门讨论：管理者在什么时候可以和员工开玩笑？企业的管理人员在工作上和员工开玩笑，很容易出现什么问题？一方面，由于东西方文化的不同，美国企业家和部门经理极少跟下属开玩笑。他们承受不起"玩笑失控"的惨重代价，比如投诉和法律纠纷。但另一方面，在严肃的沟通文化中，如果能够适当地开一些无伤大雅的玩笑，反而能提高沟通的质量，也能为管理者赢得一些赞誉。

第一，不能长时间地开玩笑。一个总是习惯跟员工开玩笑的管理者，未免会被下属认为是一个浮夸和随意的上司。偶尔开一次玩笑可以，但是，经常性地调侃则只会令属下更为散漫，更加无法管理。可以预见的是，该管理人员或有可能会成为"被管理的人员"，因为他已逐渐失去了管理团队的资格。这么做，除了能博取员工一笑之外，并没有给工作带来任何实质性的变化，反而工作出问题的概率大大地提升了。

第二，在氛围压抑时，可以适当地开玩笑。当团队氛围极不活跃，因为某些原因十分压抑时，沟通就会遇到很大的障碍，甚至完全谈不下去，根本谈不出成果。为了活跃气氛，让员工放开表达自己，畅所欲言，管理者此时可以适当地开一下玩笑。比如讲个短笑话、自嘲等。需要注意的是，管理者应该尽量避免开员

< 165 >

工的玩笑，即便员工并不在意，这也是一种极不可取的行为。

89　什么时候应该电话沟通？

当"面对面"和书面沟通不再有效时，我们的第一选择就是电话沟通。

第一，要提前想好话题和步骤。由于电话沟通无法了解对方的表情和即时的心态，也难以预测对方的反应，因此，很容易被打乱谈话的节奏。所以，电话沟通前最好事先拟好要谈论的话题，制定一个完整的步骤。先说什么，后说什么，要有一个可以参考的沟通大纲，确保一旦节奏被打乱时，能迅速地回到既定的沟通思路。

第二，不要浪费时间。我们在电话沟通时必须确保自己不会冒犯他人，必须注意自己的用词和语气。这恰恰是管理者经常犯的错误之一。

第三，在电话沟通中要进行真正有效的交谈。有效的交谈，是指谈到了实质性的内容，获得了彼此的真实情感和明确的立场，或者就自己的决策获得了对方的理解，并且，成果也是让人深受鼓舞的。

< 166 >

本章问题清单（Punch List）

◆ 什么情况下应该主动沟通？

× 在管理中，员工有向上司汇报的义务，他们应该定期汇报信息。

√ 管理者应该随时了解基层的情况，主动找相关的员工沟通。

◆ 如何成为一个有趣的沟通者？

× 只要能达到目的，管理者是否有趣并不重要。

√ 学会运用幽默的语言，避免呆板和僵化的沟通方式，才能让员工喜欢与管理者沟通。

◆ 如何制造话题，以免无话可说？

× 根据会议的既定话题进行沟通，不要轻易变通。

√ 当双方无话可说时，管理者要寻找双方的兴趣交集，临时制造话题，让沟通能够有效地继续下去。

◆ 什么时候可以跟下属开玩笑？

× 管理者在任何时候都不可以跟下属开玩笑。

√ 在团队氛围压抑时，管理者可以适当地开一些玩笑，活跃一下沟通的气氛。

< 167 >

第十二课

仲裁（Mediation）：
充当优秀的调解人

◆一个人如果让人们觉得太精明、太过计较得失、太完美苛刻了，朋友就会变少，人们就不愿与其结交。这样的人在团队中也容易众叛亲离，无法获得员工的拥戴。所以很少有管理者愿意成为一个严苛的上司。他们有时喜欢宽纵下属，以此激励下属为公司创造更多的利润。

◆员工喜欢告状并不是一件坏事。这说明，他看到了某些问题，而管理者有义务为员工解决矛盾。要想彻底地解决问题，就要从制度层面设计一个沟通路径，防止员工私下打小报告。

◆上班和下班中间的"非工作时间"，虽然并非公司规定的工作时间，但人的状态仍处于工作中，受到公司的实际支配，这是管理者可以充分利用的沟通时间。

◆没有共识，就没有成功的沟通。找不到共识，我们与团队就缺乏共同的目标，进而也不会有凝聚力。尤其在团队内部发生矛盾时，与其向员工苦口婆心地讲述那些已被重复几百遍的大道理，不如耐心地、技术性地寻找双方的诉求交集，寻找共识，为后面的沟通建立稳固的基础。

90 为什么都喜欢"各打五十大板"？

当员工犯错，企业做出惩罚决定时，一般要解决两个方面的问题：第一是平息现在的事态；第二是警示其他员工，不要向这些犯错者学习。不过，当两个人（多名员工）在工作中犯错或发生争吵时，许多管理者都知道"各打五十大板"是错误的，为什么还是经常使用呢？

比如，有些员工之间发生了激烈的冲突，双方都认为自己有理，对方有错，并且闹到了上司这里，甚至有让事端继续扩大的倾向。事实却是双方都做错了，他们可能都没理（也可能有一方的错误更大）。我们知道，工作中解决问题的方式有许多，发生正面冲突往往是最为无效的方法。在激烈的冲突过后，其实问题还是存在的。争吵根本解决不了问题，且违反了企业的规章制度，为管理者出难题。

中关村一家公司的陈总对于这类问题的处理方式千篇一律。凡是下属开会有

< 170 >

争执，跑来评理或让他碰上了彼此推卸责任的情况，统统各背一半的锅。谁也别想从他这里得到倾向性的支持。这一原则不分职位和等级，每个人都是公平对待。"我这么决定，并不是因为这么做是对的，而是最有效果。"他说，"我既是公司的管理者，还是仲裁者。如果人们只要有沟通解决不了的问题就想让我支持他，那么，假如我这次为他站台，下次他还会来找我。因此，我必须表明一个态度：除非是重大事项，你们自己协商，别来占用我的精力。"

在多年的管理生涯中，陈总对人性有深刻的认识。他确立这个原则的目的是防微杜渐。他当然知道，这么做是不公平的，但却能够最有效率地解决团队内部争执的问题。在双方均有错的情况下，管理者对他们"各打五十大板"是快速平息事态的最佳策略。这样做能迅速地恢复正常的团队秩序，让其他员工看到一个负面榜样。在各打了五十大板后，管理者再根据情况具体调解双方矛盾。

不过，当一方有错，另一方无错时，"各打五十大板"的方式便不再合理。管理者一旦察觉有人被冤枉或没有问题，必须严格判明事情的是非曲直，站在没有过错的员工一边。管理者绝对不能和稀泥，否则，你将给员工留下处事不公的坏印象。

91　为什么你会相信"水清无鱼"？

这是一个对公司管理者有一定考验的问题——人们往往只相信他们愿意相信的事。管理者如果信奉"水太清则无鱼"的观点，那么，他对团队中的一些不合规现象便容易视而不见。因为你可能认为，水过于清澈，人至察则无徒。就是说，你相信，人太精明了就没有朋友，环境太干净了就没有活力。你也由此变得能够宽容员工的小错误或性格上的小毛病。假如你总是这么想，你就会把这种做法融入自己的管理和沟通风格，在会议中也不会当众批评或要求员工改正他的一些不端行为。

德国社会学家马克斯·韦伯对现代管理思想做出了巨大贡献。他提出了明确分工，公私有别，遵守规则和纪律，权利体系，规范录用，管理职业化等思想。在韦伯看来，管理者不能滥用职权，必须严格遵守公司的规定，而企业的每名成员（员工）也必须是规定的服从者，和管理者保持统一性。一个健康的组织一定是"水清"的，那么，相信"水清无鱼"的企业管理人员不能称得上是一名称职

< 171 >

的管理者。

但是，在现实的管理实践中，企业家并不相信（追求）理想的组织伦理，韦伯的研究在管理应用中是被束之高阁的。他说得很对，但人们并不遵守。"水清无鱼"这句话一直被人们拿来作为戒律、警句。人们觉得，如果一个人太精明，太计较得失，太完美、苛刻了，朋友就会变少，人们不愿与其结交。在团队中，这样的人也容易众叛亲离，无法获得员工的拥戴。所以很少有管理者愿意成为一个严苛的上司。他们有时喜欢宽纵下属的行为，以此激励下属为公司创造更多的利润。

正确的做法是：

第一，员工的有些小错可以宽容，但并不意味着可以无限制的宽容。否则，员工就会被纵容，失去纠错的机会。

第二，苛求完美，虽然不是一种正确的态度，却应该成为我们管理的目标和团队的重要价值观。

92　如何跟告状的人沟通？

"有话直说"不是坏事

在领导力沟通课程的一次讨论中，洛杉矶唐人街一家餐饮公司的老板余经理说，他平时最头疼的就是员工跑到他这里来越级告状。他不知道该怎么跟这些员工沟通，没有处理类似事件的经验。有一次，员工小周敲开他的办公室，要求跟他私下谈。余经理以为小周遇到了什么大麻烦，结果谈了半小时讲的全是跟另一名员工的冲突。

"小周说，同事欺人太甚，抢他的功劳，踩着他的肩膀往上爬，还给他的工作制造障碍，故意让他出差错。说完之后，小周就请我立刻采取行动，制止那名员工的所作所为，替他主持公道。我明白，这是多么让人烦恼的事情。因为我处理的结果必须让他们两个人都满意，既解决问题，还要平息事端。否则，有我好看的，另一个人肯定也会找我告状。于是，我只能安抚小周，让他先出去，我需要时间仔细考虑。"

余经理每次都陷入沉思，最后做出的决定是不干涉。从个人角度，他讨厌员

< 172 >

工向上司告状。这说明，员工自己解决不了问题。但从管理角度，他又觉得这是极为必要的，能帮助管理者了解到一些不易收集的敏感信息。他感到烦恼的是自己不清楚如何与员工沟通，从根本上化解这类问题。

IBM 公司有一条名为"有话直说"的制度，针对的就是"员工告状"的行为。这是一种鼓励员工对公司制度、措施多提意见的沟通形式，而且是通过书面形式进行。当员工对某些问题感到不满时，公司允许他们按照规定发电子邮件、提交书面建议，且要求当事部门（负责人）在十天之内给出答复。这项"申诉制度"明确声明，员工如果觉得受了委屈，他可以写信给公司的任何主管（包括总经理）。从这个角度说，员工喜欢告状并不是一件坏事，说明他看到了某些问题，而管理者则有义务来为员工解决这样的问题。要想彻底地解决这个问题，就要从制度层面设计一个沟通路径，防止员工私下打小报告。

设立"员工意见调查制度"

中小企业的管理者如何与告状的员工沟通？结合 IBM 的做法，我的建议是，从管理层面设立"员工意见调查制度"。这是很重要的一条沟通渠道，就是每年由人力资源部门要求员工填写**不署名的意见调查表**。员工在上面可以任意点评公司的人事，提出意见、批评等，这是公司给予员工的正当权利。并且，所有的部门管理人员都会收到最终的调查结果，依据建议做出改进。这样一来，就给员工提供了一条合规的申诉通道，可以有效地防止矛盾在基层发酵、恶化与扩大化。

93　怎样安抚理直气壮的人？

有一位湖北的公司老总朱先生曾经向我诉苦。他说，下属们遇到一点儿麻烦就来问他怎么办，找他评理，而且理直气壮，好像这事就该他管。在他的眼里，这样的下属做事都是不带脑子的。员工们自己摆平不了争论，总习惯于依赖朱先生当一个法官，甚至拿他当一个家长。

朱先生说："有时候，我正在处理手头上十分重要的事情，结果被员工突然打断和干扰。该做的事情总是来不及处理，甚至不得不牺牲本该用来休闲的时间，替他们裁决一些鸡毛蒜皮的小事。如果我不管，员工还很委屈，因为他们总

< 173 >

觉得自己有理，他们的权益很重要，他们的意见有理由得到公司的重视。这导致我一天到晚看起来很忙，却还是没有忙出什么名堂。"

面对这种情形，管理者应该怎么办呢？

第一，让下属先缓一下情绪，给予适当的安抚。

比如，先让你的下属不要那么激动，容自己腾出时间考虑好，再把处理的结果告诉他。这个时间多长为宜？我的建议是：45分钟。45分钟是心理学领域提出的一个标准的人类情绪平复期。过了这段时间，下属的情绪就有可能平复了。如果届时下属仍然来找你主持公道，再把你想好的答案告诉他。

第二，找到该负责的人，沟通也要各司其职。

必须清楚的是，你的员工所请示、要求你仲裁的问题本来该谁负责？这一点十分重要。管理者最该做的是在第一时间找到应该负责的人，让他们在授权范围内处理。无论员工是否受了天大的委屈，都应该遵守公司的规定，在制度范围和管理层级内解决。气壮也不一定理直，很多时候，员工自己就能处理相应的问题。只是因为他害怕承担责任，所以才来找上司解决。下属只是在找一个替他扛起责任的人而已。因此，该下属负责的问题，就不要替他们做决定。

94　用沟通化解矛盾的三种管理话术

第一，额外的"诚实反馈"。

这个话术的要求在于，为了快速解决矛盾，我们可以主动给予员工一些他们意想之外的信息，而且要诚实地告知他们，然后与之沟通。比如，你可以聊一聊自己的管理是否达到了他们的标准；可以分享一下你从别的地方听说过的事情；也可以当一次好人，将公司某些即将公布的决策事先披露（在公司允许的情况下）。这都能起到平复员工心情的作用，为下一步的沟通做好铺垫。

第二，谦虚地询问意见。

这一话术可以经常使用，让自己做一位不耻下问的上司。例如，告诉员工你最近致力于哪个项目的研究，问一问他们有没有什么建议；也完全可以选一件自己最近经常抱怨的事情，问一问他们："在那种处境下，有什么事我可以做得更好？"作为上级，请求下级为你提出更好的建议和办法，给他们施展才能的机

< 174 >

会，这些做法都能缓和团队的矛盾，并在一定程度上转移当事人的注意力。

第三，承认你自己的错误。

对下属承认错误的本质是向他们寻求关于如何改善工作的反馈。然后，在讨论中跳过所有没有实际内容的回复，直到你得到一个切实的答复。就是说，当矛盾十分棘手时，由管理者站出来先承认自己的错误，寻求员工的支持和建议，问问他们有没有注意到你犯的这个错误，这可以起到非常良好的效果。比如："你们别再争执了，是我考虑不周，与你们无关。现在我需要你们着眼于将来提出方案，帮助我解决这个问题。"在现实管理中，当管理者主动承担大部分责任时，员工的矛盾和冲突立刻就能减轻一多半，后面的事情就简单了许多。他们愿意听你讲述原委，也愿意出谋划策，并且执行化解问题的方案。

95 抓住吃饭和娱乐的机会

姚先生的公司在上海繁华的陆家嘴地区。由于公司时常加班，员工大多住在附近。早晨六七点到公司，晚上十点多才下班，这是公司的常态。工作压力大，长时间没有休假等方式释放，团队矛盾不可避免地日益严重，人们的火气很大，即使一点儿的蝇头小利或很小的摩擦也动不动便会发生冲突。

姚先生和管理层每天上班都得拿出两三个小时来专门处理这些冲突。所以姚先生的办法是，尽量将和员工谈心的任务放到**"亚下班时间"**。

什么是"亚下班时间"？

> 这是由芝加哥大学布思商学院提出的一个管理学概念，即：上班和下班中间的"非工作时间"。虽然并非公司规定的工作时间，但人的状态仍处于工作中，受到公司的实际支配，是管理者可以充分利用的沟通时间。

姚先生便充分抓住了中午、傍晚吃饭和公司不定期举行的娱乐活动时间和员工沟通这些大大小小的矛盾，尽可能地减少对工作时间的干扰。为了调解工作冲突，管理者可以选择任何时机，只要有利于解决问题。比如，我们可以在工作日

< 175 >

和员工谈，也可以在休息日找他们聊天；在聚餐时一起与下属集体协商，集思广益，也可以"一对一"地沟通。

不过在姚先生看来，一个效果最为显著的方式是，你可以充分地利用吃饭和娱乐的时间。因为这是一个人心情最放松的时期，许多工作时间不好谈、谈不拢的问题，都能拿到这时候来磋商。至于具体时长，并没有硬性的要求，好谈则短，难谈则长。有一个需要遵守的原则是：你必须征得当事人的同意。

96 必须站队时，怎么表态？

你总会牵涉进员工的斗争中

赫兰德是纽约一家报社的员工。由于在工作中的出色表现，他被提升为部门经理。然而，没过多久，他就发现自己不幸被牵涉进了公司的一次竞岗"斗争"中。原来这家报社有一个重要的职位是空缺的，需要提拔一位副经理，人选是两个。管理层要求这两个人竞争副经理一职，由部门员工投票，最后赫兰德有决定权。这件事让他陷入了一场危机。他这个新上任的管理者一瞬间就成为两个不同派系虎视眈眈的争夺对象。无论如何，双方都要求他在关键时刻站队。他们用尽一切方法争取他。赫兰德顿时就被无助感包围了。但作为部门管理者，他必须做好这项工作，担负起最终决策的责任。

作为管理者，你需要"模糊表态"

后来，赫兰德坦言："管理者在遇到这种情况时，最困难的不是最后投下那一票，而是之前的表态与倾向。我平时与各个同事都保持着友好关系，且我埋头工作，没有鲜明的圈子标签。因此，我的选择是投票之前模糊表态，肯定双方的优点，但不倾向于任何一个人。到该你表态时再站出来，这是管理者的最优选择。"

当你必须在员工间站队时——管理者很难逃避这种情形，除了祭出制度、原则等能让你超然于外的武器外，还要考虑"情理因素"——你个人的贸然、过早的表态是比"组织决定"更有杀伤力的宣判，甚至会宣布一个人在团队中的"死刑"。你公开支持了 A，就等于使 B 陷入了尴尬的境地；反之也一样。因此，管

< 176 >

理者在需要站队时，不妨从情理上和一下稀泥，在坚持原则和制度的同时，不要表露你的情感倾向。

97　找出双方的第一个共识

在管理上，我喜欢用共识引导沟通，用共识凝聚有争议的员工。斯坦福领导力沟通课的 15 个课程中，共识（Consensus）是一个贯穿始终、从 1 到 15 个课程的关键词。没有共识，就没有成功的沟通；找不到共识，我们的团队就缺乏共同的目标，进而也不会有凝聚力。尤其在团队发生矛盾时，与其向员工苦口婆心地讲述那些已被重复几百遍的大道理，不如耐心地、技术性地寻找双方的诉求交集，找到共识，为后面的沟通建立稳固的基础。

第一，寻求共识与和解。一切团队矛盾的化解最终都要达成共识，才能实现和解，这是管理者的任务。管理者要先找出人们在工作中产生分歧的根源，了解员工冲突的理由，各自的看法，是分工问题，还是利益分配问题？是有人自私自利，还是受到了不公正的对待？理由找到了，才能够心平气和地谋求双方的和解。在寻求共识的过程中，要强调互相容纳对方不一样的想法。只要找出双方的交集，问题就变得容易解决了。

第二，在异中求同。工作中人和人的想法、诉求不可能完全一致，解决矛盾和分歧需要有诚意的沟通。你可以制造机会，在聚餐、会议等公共场合，先跟员工多聊一些工作以外的事情，或许就会找出两个人共同的话题。另外，最重要的原则就是"异中求同"，最后求同存异，融合差异，保留次要的矛盾，消除主要的分歧。

第三，你必须多观察。为了实现上述两个目标，管理者与下属进行沟通时要注意辨识哪些人善于发表意见，哪些人隐藏了他的观点。即使你一时没有观察到，也应该保持耐心，甚至可以询问相关的员工，比如那些置身事外的人，从更多的角度、渠道收集信息。

< 177 >

98 有时候，我们需要"扩大冲突"

从字面上理解，沟通这个词的意思是我们将自己的资讯、情感信息传达给他人，并且希望借此得到对方反应的一种语言行为。为了得到对方的积极反应，我们需要设计不同的沟通策略，以期效果最大化。如果常规策略不能取得预期的效果，管理者就有必要采取一些特殊办法。比如，在团队中"扩大冲突"——制造和利用员工的冲突，为沟通和管理创造有利的局面。

故意在团队中"建构冲突"

美国的光谱联合公司是一家发展迅速的小型软件公司。该公司成立时，当年总收入仅有 40 万美元。但仅过了五年，公司总收入就达到了 2500 万美元，增长了 60 倍。

是什么原因让公司的成长如此之快呢？光谱公司的管理层将这种成功大部分归功于他们独特的组织结构和管理方式——**一种为了激发冲突而设计的团队结构**。比如，该公司中的所有生产团队和支持群体都相互竞争内部资源和外部市场，尤其在内部激烈地竞争，冲突不断。一名管理层的成员说："我们信奉自由企业制度。我们试图创建的团队是优胜劣汰的。也就是说，最合格的团队将不断地成长发展，而劣质团队将被淘汰。"从团队的建构阶段，就在员工之间设计了高强度的竞争机制，这也使该公司的沟通文化具有十分明显的狼性，人和人之间面对问题从不沉默，也不会轻易妥协。每个人誓死捍卫自己的利益，寻求更大的成长空间。员工会主动将矛盾曝光，将冲突扩大。这给管理者创造了非常有利的局面。

别让员工感到安逸

我曾经在华盛顿遇到一位企业家，他也采取了和光谱公司相同的方式。他说："一家公司要得到长远的发展，就必须保证没有人在这里感到安闲舒适。他们既是同事，也是敌人，喝口水的功夫也能在茶水间打起来。"总的来说，通过设置"内部群体"之间的"**强竞争**"，管理者能有效地激发员工的潜能。因为在外部市场中员工要面对种种压力，而内部的强竞争会使员工总是处于高度的备战

< 178 >

状态。

这么做是很有好处的。因为员工总是有一定程度的不安全感，他们就会时刻保持奋斗精神，以免自己松懈下来，成为团队里面混日子的一员。

第一，管理者要多聘用那些拥有"主动精神"的人。管理者要促使员工之间相互竞争，实行优胜劣汰的用人原则。这一原则包括但不仅限于：清除那些很少主动竞争和主动沟通的人。

第二，管理者要将这种冲突限定在合理的范围内。管理者应该保证下属既竞争又合作。比如，他们为了客户和公司的利益而争吵，也能为了客户和公司的利益而紧密合作。管理者可以轻松地成为团队矛盾的仲裁者，以保证团体目标的实现。同时，管理者也要将团队冲突的激烈程度控制在一个合理的范围内，设置上限，注意防范过度竞争和恶意竞争，以免反噬自身。

< 179 >

本章问题清单（Punch List）

◆ 如何公正地处理员工矛盾和争吵？

✕ 时间宝贵，最好各打五十大板，迅速平息事态。

✓ 严格遵守公正原则，防止员工被冤枉和受委屈。只有做到这些，才能获得长远收益。

◆ 如何跟告状的人正确沟通？

✕ 关起门来，听听他说什么，看他有没有其他人的把柄。

✓ 事前设立意见反馈机制，欢迎员工来"告状"，但告状也要遵守基本原则。

◆ 如何安抚理直气壮的员工？

✕ 谁有理，就替谁做主，展示管理者的权威。

✓ 平复了他的情绪后，第一时间让他的直接上司处理。

◆ 必须站队时，管理者应该怎么办？

✕ 该站队时就站队，支持自己想支持的下属。

✓ 当不涉及原则问题时，尽可能模糊表态，但关键时刻要保持公正。

< 180 >

第十三课

辅助（Assist）:

除了语言，还要拥有其他工具

◆当你试图说服下属时，在你提出要求后，如果对方出现暂时的沉默，千万不要以为自己有义务说服他。相反，你需要停下来，给他充足的时间来思考和做决定。你要成为倾听者，不要急于打断他的思考。

◆管理者的情绪控制力直接决定着管理的成败。因为情绪不仅影响着人做出正确判断的能力，也决定了意志力的正确传递。

◆一次完整的沟通 =70% 情绪 +30% 内容。沟通中的有效因素 70% 是情绪，30% 才是内容。情绪不对，内容就会被扭曲。

◆人的行为与环境之间的关系密不可分。尤其在沟通时，环境对人的心理状态影响巨大，而且，这种影响通常是被严重低估的。就是说，你所主导的谈话没有效果，很可能不是说错了话，而是选错了地方。

99 "沉默"的使用方法

管理者要学会在恰当的时刻闭嘴

西方有一句著名的谚语："雄辩如银，沉默是金。"这说明，沉默是比滔滔不绝的演说更有效的交流工具。我们有时候需要侃侃而谈，有时候则需要默默思索，闭口不语。沉默是沟通和雄辩的另一个境界。比如，当话不投机时，你会发现沉默是一种难得的风度。智者在不语时，沉默表现出来的就是一种深度。同样，在团队管理的沟通中，上司应该尽量少说，用适当的沉默来引导节奏。

这是因为一味地生硬、晦涩的说教可能会使员工心生厌烦，也往往起不到作用。在这时，短暂沉默的力量是无与伦比的，会为交流打开一个新世界。

短暂的沉默含义很丰富。它可以是无声的赞美，也可以是无言的抗议；可以是保留己见，也可以是欣然默许。但更重要的是沉默给了员工一个主动表达的空间，给了自己一个观察和思考的机会。利用沉默的时机，思考和判断对方的立场，重新组织自己的语言，是一种慎思谨言。在说话时，越是富有吸引力的表达，就越需要一些思考和停止的时间。

作为企业的管理者，你要让对话者揣度你会说什么，而不是兀自说个不停。

< 182 >

在许多时候，说得太多反而不如精炼简洁的话更能引发人们的思考，更能激励人们主动充分地发表意见。

留与员工思考的空间

我是一个特别喜欢听下属讲话的人。听员工倾诉，无声胜有声。和员工对话时短暂的沉默，往往比冗长的表达更能起到好的作用。我更愿意把表达的机会让给下属，而我只是静静地听着，并且这样做总是能达到我的目的。特别当我们说出一些关键的信息，提出重要的要求后，尤其需要给对方留下思考的时间和空间，让对方慎重地考虑你的提议，从而给出经过理性思考的答复。这样的对话，才是高质量和有效果的。这样的沟通方式，才能让员工打心眼里折服和认同。

所以，当你试图说服一名下属时，在提出自己的要求后，如果对方出现了暂时的沉默，千万不要以为自己有义务去说什么。相反，你需要停下来，给他们充足的时间思考和做出决定。在此时——你要成为一个倾听者，不要急于打断他们的思考。

因为沉默并不代表着我们在说话时出现了错误，或者露出了什么破绽。相反，短暂的沉默不但是允许的，而且在管理沟通中也是受到员工欢迎的。因为这样会给他们一种轻松的感觉，不会因为有人催促而做出草率的决定。当员工说"老板，我要考虑一下"时，别生气，也别训斥，要给他们充足的时间思考，不要咄咄逼人，催促对方做出决定。因为员工在沉默时，就是他在为你们之间某个正在讨论的重大问题进行郑重的思考。他希望给你一个有把握的答案（承诺）。

第一，在员工开口之前，要保持暂时的沉默，除非你想丢掉这次难得的沟通机会。

第二，在员工尚未想好怎么回复时，不要紧追不放，以免他产生逆反心理。

第三，在找到双方的共同兴趣后，也要给对方一定的思考空间。让他想好了再说，交流才会产生积极的效果。

100　优秀管理者都是表情控制大师

第一，情绪的控制力决定管理的成败。

哈佛商学院的管理学教授德里曼长期研究团队管理中的情绪控制问题。他认

< 183 >

为，我们在判断一名管理者的成熟度时——他的冷静、沉着、公正、周到、全面、坚定、谋略、判断力——与他的情绪控制力是息息相关的。甚至可以这样说，情绪的控制力直接决定着管理的成败。因为情绪不仅影响着人做出正确判断的能力，也决定了意志力的正确传递。一名管理者的事业生涯中大多数的关键环节，其实都覆盖在他的各种情绪当中。最明显的一点是，优秀的管理者普遍掌握了在困境中保持乐观情绪的秘诀，而他们在顺境当中又能保持居安思危的意识。在沟通时，这种情绪的控制力则表现得更为明显。

第二，不懂控制情绪，沟通就难有大的成果。

众所周知，不良情绪在现实中引发的恶果很多，案例也比比皆是。尤其对企业的管理者而言，如果不懂得控制情绪，他们就很难顺畅、有效地与团队进行沟通。因为这时你给下属或者同事的印象是前后不一，动荡不安，而且不可依靠。并且，很多缺乏定力的管理者还经常深深地陷入自己不良情绪的痛苦折磨之中。他们常被自己的不良情绪打败，乃至于根本不能做出正常的决策。有时候，员工还在坚持战斗，管理者自己却已经先垮了。

大凡卓越的管理者，他们在情绪控制方面上都有一个普遍的特点，就是通过经历的逐渐丰富，意志的逐渐坚定，对管理和团队的了解逐渐加深，他们都能成为一位可以轻松地控制自己表情的大师。控制自己的情绪，是对员工做好沟通工作的基本前提。

101 观察"微反应"的三个原则

第一，培养一双会说话的眼睛。

我们在评价一个人的眼中有灵气时，会说一句："你的眼睛真会说话。"眼睛会说话，能把你的意图放大百倍，比单纯的、生硬的词句更有表现力。我们不仅平时要有意识地培养一双"会说话的眼睛"，在眼神上下功夫，更要随时注意对方的眼神，读懂员工眼睛中的意思，并且及时地给予反馈。

比如，从员工的目光中，往往很容易察觉到对方的想法，然后判断他讲的话是否诚实，也能看到他是否在认真地听你表达。如果对方正目光有神地望着你，至少他是在注意听你说话，也能听得进去。如果对方的目光四处转动，一副心不

< 184 >

在焉的样子，说明他对你讲的东西缺乏兴趣。此时，管理者就要转变自己的表达策略，采取某种有效的方式提高沟通的效果。

第二，丰富但不做作的面部表情。

在工作和生活中，很多人的喜怒哀乐都是直接写在脸上的。和眼神一样，面部表情往往也很难作假。即使是一个深沉内向、擅长控制表情的人，从面部表情的变化也多少可以看出他语言表达背后的内在含义。所以现在重大的谈判场合中，两方代表对坐于谈判桌前，在后排的人士中就有人专门负责解读对方表情的变化。因为从表情变化中能看出对方的底牌，及时地为自己的谈判代表传递信息。优秀的管理者也十分善于观察员工的表情，解读员工隐藏在心里的真实想法。

我们在说话时，一定要收敛自己的表情，但又不能处于一种僵硬的状态。总体的原则是，丰富但不做作，以真诚为准绳，以善意为目的，又能用得体的表情支撑我们语言的立场，把语言无法表达的内涵展示出来。在管理沟通中，面部表情是一门值得深入研究的学问，是通过解读微反应判断对方真实意图的主要途径。

第三，恰如其分的手势。

我们在和下属沟通时也需要运用手势来丰富自己所表达的含义。事实上，恰当的手势确实可以集中对方的注意力，增强自己所说内容的可信度。手势是比较常用的一种微反应，承担了大部分"补充信息"的传递，是沟通中重要的辅助工具。不过，夸张的手势就会适得其反，引起对方的反感。因为过于夸张的动作容易喧宾夺主，遮掩了语言的表现力。有研究表明，只有恰如其分的手势才能够吸引对方的注意力，增强自己说话内容的可信度。

102　为什么你的情绪没有感染力？

解决好情绪的"焦点"问题

首先，情绪不能无厘头。也就是说，我们的情绪一定是能够聚焦的，有特定的"专注点"，说白了就是"因何而发"。比如，在谈论项目的不足时，你应该深

< 185 >

表担忧，而不是漫不经心、满不在乎的表情。焦点对了，情绪才有张力，才能影响员工。

在斯坦福大学任教 7 年的心理学家罗杰·巴克认为，**一次完整的沟通 =70% 情绪 +30% 内容**。他说："沟通中的有效因素 70% 是情绪，30% 才是内容。情绪不对，内容就会被扭曲。"这充分说明了情绪在沟通中具有不可估量的影响力。想让情绪在沟通时起到积极的作用，就得为自己的情绪对焦，让表达的内容与情绪的反应一致，才能互相推动，真正地打动对方。

让你的言谈举止放大情绪的感染力

其次，要让情绪特点和我们的言谈举止结合起来。言谈举止是一个人的精神面貌的体现，更是为人素养、管理水平的体现。在沟通中，管理者要开朗、热情，让人感觉随和亲切，平易近人，而且容易接触。言谈举止有水平，情绪才能最大限度地表现出感染力，成功地打动员工，起到应有的沟通效果。

有的管理人员总担心没有出众的言谈来打动员工，总想吸引大家的注意力，以至于造成精神上的紧张，使他的表情、动作都变得十分僵硬。这么一来，他的情绪不仅没有积极的作用，反而对沟通是一种损害。因此，管理者应放松心情，保持自己的既有特点，而不要矫揉造作，比如昂首阔步，气势逼人，或者跟人谈话时死死地盯住对方等。这样的言谈举止，不仅令员工感觉难受，管理者自己也会觉得很别扭。最好的办法是**保持你原有的个性和特质**。

103 经常被我们忽视的肢体动作

肢体语言，是指经由身体的各种动作，代替或辅助口头上的语言来传情达意、实现沟通目的的一种手段。肢体语言既指面部表情，也包括身体与四肢的变化所传达的信息。在沟通中，适当的肢体语言必不可少，这可以使我们的话语传达得更具体。

我们在谈到用肢体向人表达情绪时，一般是指人们的惯用动作。比如，搓手代表焦虑，皱眉代表生气，鼓掌表示赞同，大笑表示开心，低头代表郁闷，摊手表示无奈，挥拳代表愤怒等。说话时，我们用这些肢体活动表达或放大心情，让

< 186 >

对方更易辨识，从而准确判断我们的说话意图。

一个人要向外界传达完整的信息，单纯的语言成分只占了不足 7% 的环节，说话的声调占到了 38%，另外，超过 50% 的部分都需要由非语言的"体态"来传达，而且，对方对此也很敏感。人们很注意自己沟通对象的肢体动作，积极地解读对方每一个微小的动作。因为肢体语言通常是一个人下意识的举动，它的欺骗性小，真实度高，传达意图的效果十分明显。

比如，同样的一句"我爱你"，面带微笑，深情款款地说出来，并给予对方一个拥抱，和面无表情地说完，没有任何跟进动作相比，效果就大不相同。前者一看就是真的，后者则明显是在应付，让人觉得一定是在说假话。斯坦福大学的研究小组收集了近 20 年（1998–2017）间世界范围内 68700 次真实的求婚案例，发现凡是配合必要的肢体动作进行求婚的案例，成功率在 91% 以上，而肢体动作较少甚至毫无拥抱行为的求婚中，成功率仅有 75%，说明有四分之一的人失败了。研究小组得出的结论是，任何形式的沟通要想实现目标都离不开肢体语言的配合。

在运用肢体语言时，当事人经常并不自知，大多数是一些转瞬即逝、无意识的动作。当我们与员工谈话、发表演讲、召开会议时，时而蹙额，时而摇头，或者摆动手势，两腿交叉，这些无意识的动作都会被别人收进眼中，尽管我们自己并没有意识到，有时事后也未能及时发现。这些动作时时刻刻都在透露你的性格软肋。

有一位心理学家提出一个如下的假设：

◆当你和人说真话的时候，你的身体将与对方接近。

◆当你对人说假话的时候，你的身体将会远离对方。

这一假设验证的结果发现：假如我们要求不同的对话者，分别与另一个人陈述明知是编造的假话与正确的事实时，说假话的人会不自觉地与对方保持较远的距离，而且他的身体会向后靠，肢体的活动较少，但脸上的笑容反而增多。我们能够从这些变化中看到一些端倪，这是用嘴巴无法传达的信息。用好了肢体语言，我们在沟通中将事半功倍。同时，你能更快地解读员工的心事，看透他们未向你表述的意图。

< 187 >

104 沟通，你真的选对地方了吗？

美国心理学家、行为主义心理学的创始人约翰·华生认为，人的行为与环境之间的关系密不可分。尤其在沟通时，环境对人心理状态的影响十分巨大，而且这种影响通常是被严重低估的。就是说，如果你所主导的谈话没有效果，很可能不是说错了话，而是选错了地方。

我们和员工谈话不一定非要在办公室、会议室严肃地面对面沟通，或者两人毫无创意地在走廊、电梯中进行工作偶遇式的对话。上述场景是人们能想象到的一些常规地点，职场人也是这么做的，没兴趣为此伤脑筋。但我们完全可以视不同的情况，选择更加灵活的方式，比如通过聊天、喝茶、家访、散步、电话、邮件、视频、微信……各种形式对话，影响人的行为。沟通的地方多种多样，既可在正式的办公场合，也可在非正式的生活场所，只要沟通的效果好，在什么地方谈不是最重要的。

在实践中，我发现影响沟通效果的场景因素有以下几点：

第一，噪音。噪音对沟通的影响非常大，比如机场、车站、人多嘴杂的会议室等。这些地方不适宜谈论需要认真思考的话题。

第二，渠道。正式或非正式渠道，比如客户提供的场所、员工和管理者自己的办公室等。这些地方适合聊一些较严肃的话题。

第三，个体背景。沟通双方的心情、身体状况以及衣服颜色对沟通也有影响，甚至会对人们所要做出的判断结果产生干扰。

所以，一旦我们发现有些时候与员工很难进行沟通时，一定是上述三个因素出现了问题。在遇到沟通的难点时，管理者首先要分析具体原因是哪一个，找到了具体原因，然后再去想办法，选择一个合适的场所，解决团队沟通的问题。

105 "温和"也是一种有利的武器

优秀管理者提高沟通效率的一个关键之处，就在于他能够在沟通中让员工的工作和其优势相结合，大大地提高他的工作效率。除了上面谈到的辅助工具外，我们还一定要读懂自己的员工，了解他们发自内心地热爱什么，并且在哪些方面

< 188 >

具有优势。当了解到这些信息后，采取平和的态度与之对话，谈论这些因素，激发他们对工作的热爱。

在员工的眼中，我是一个温和的人。温和有什么优点呢？据跟随我多年的助理伊桑说："您能聆听下属细腻的心声，不使我们因畏惧而闭口不答，也不使我们因自卫而隐藏自己。"在他看来，没有一个人不喜欢温和的老板。全公司的人都愿意与我沟通，有什么事情也愿意向我交底，而不是躲躲闪闪。不过，从上司的角度还要看到温和的另一种作用，就是你能争取一个让下属卸下心理防御和你深入交换信息的机会。

懂得对员工扬长避短，客观地讨论他的优势。当一个人在做他自己真心热爱的事情时，他自然就会自动地去努力，去突破，管理者甚至都不用管他。这表明，我们要充分和客观地肯定其优点，与之沟通时，要让员工注意扬长避短，并激励员工充分发挥自己的优势和潜力，就能起到良好的沟通效果。

善用温情牌，成为员工的"大师兄"。通俗地说，"温情牌"就是成为员工的学长、大师兄，以温和的态度打动员工，进而激励并管理员工，而不是用师长、上级的态度去驱使员工，管理员工。在沟通中，我们首先应弄明白员工的长处是什么，然后在此基础上，和他们充分地交流，最后将员工放在更加合适的位置上，再为他们提供适当的发展空间和有力的支持，以此提升他们的工作效率。

< 189 >

◆ 如何用"沉默"的方式处理特殊的沟通情境？

× 沉默不是一种好方法，管理者应该抓住机会传达意图。

√ 在需要员工多说话时，应该适当保持沉默，鼓励员工多表达。

◆ 如何在沟通时正确地控制自己的表情？

× 管理者应该面无表情，让员工揣测自己的心情，增加神秘感。

√ 针对具体的情形，管理者要运用相应的表情变化来增强自己的语言说服力。

◆ 如何增强自己的情绪对于团队的感染力？

× 该生气时就生气，管理者要有脾气，控制情绪是员工的事情。

√ 沟通时应该尽可能地展现积极的情绪，克制负面的情绪，带动团队的积极性。

◆ 如何正确地选择沟通场所？

× 工作沟通就应该在正式的办公场所，比如办公室、会议室，不能和员工私下沟通。

√ 无论正式、非正式沟通，都应该结合具体需要选择场所，力求达到最好的沟通效果。

< 190 >

第十四课

特殊（Exception）:
处理异常情境，必须随机应变

◆管理者要建设一个积极的环境，用正确的手段"迫使"员工主动地和同事沟通，一步步地激活他的沟通属性，把他的潜力进一步开发出来。

◆当管理者需要向员工道歉时，特别是因为公司和管理者的错误，越真诚、越公开、越正式的道歉，效果就越好。隆重的道歉不仅能迅速地消除负面影响，还显示了管理者对员工发自内心的尊重。

◆有些管理者经常打着"真理往往掌握在少数人手里"的旗号固执己见，即使不小心说错了话，哪怕是严重的错误，也用力排众议的魄力强行树立威信，有一种"众人皆醉，唯我独醒"的心态。但是，现实告诫我们，这么做的管理者往往会导致自己成为孤家寡人。

◆假如议题敏感，但又可以回答，管理者可以考虑"转移场合"。即，不要在公开场所和员工讨论这个问题，不管他是否急迫，都要转移到私下场合进行沟通，也就是在"一对一谈话"中和他交流，给他满意的答复。

106 面对有个性的"异性员工"，如何成功沟通？

24岁的艾琳从加州大学毕业后，应聘加入了洛杉矶的一家著名咨询企业奈斯公司。她不仅人长得漂亮，而且还很有个性。在面试阶段，艾琳就给公司管理层留下了深刻印象，当即被录用为客服。两个月的试用期结束后，按照规定，转正员工都要提交一份自己的工作报告。艾琳在报告中这样写道：

"通过这60天的工作，我发现目前公司的客服工作还有许多不足。第一是沟通模式已跟不上市场变化。我们公司设计了一套过于复杂的客服流程，等于是在给客户制造麻烦，而不是为他们解决问题。第二是人力资源的浪费。我们公司的客服太多了，经常一半人工作另一半人闲置，许多人都在交头接耳。而且，人多也容易造成责任不明、相互推诿的状况。因此，我提议公司裁掉30%的客服人员。"

艾琳此言一出，全场震惊。她锋芒毕露，显示了与众不同的性格。她的上司客服主管最不高兴了，这等于说他的工作是不称职的。他觉得自己的权威受到了

< 192 >

挑战，当场就给她打了一个比较低的测评分。在场的其他主管也觉得她是一个爱挑刺儿的员工。作为新人，艾琳丝毫不给上司留面子。但碍于她是女孩，又刚入职，除了在测评成绩上打压她，客服主管竟然想不出任何更好的办法。

后来，奈斯公司的董事会注意到了这件事，在一次管理层会议中专门将之列入讨论议程，并提出了两个问题：一、艾琳的建议对不对？二、客服主管的处理方式对不对？结论是，公司某些管理人员缺乏对异议和个性员工的容忍度。不久，奈斯公司做出决定，批准客服主管的辞职。又过了几个月，艾琳被提拔为客服部门副总。

很显然，我们都明白艾琳的上司处理方式是错误的。但现实中绝大多数人却又像客服主管那么去做：打压而不是沟通。管理者应该更加关注员工有没有把事做好，而不是针对她的个性。现实中，确实没有管理者喜欢锋芒太盛的员工，尤其是异性。但是，所有的管理者应该都喜欢挑完刺儿之后，能找出完美的解决方案的"问题解决者"。因此，在和这类员工沟通时，我们应该秉承的原则是：

第一，尊重员工的个性，给她表现的空间（权利），而不是一味地打压。

第二，强调个性，不等于任其放纵。要在沟通中商讨解决问题的方案，而不是单纯地让她展示个性。

107　员工对你没好感，如何调和氛围？

我曾经有一个讨厌我的部下鲁卡·德卢迪。每次我和他谈话都像一场战斗，攻打一座山头。这是因为当员工对上司缺乏好感时，本能地就会抵触、反制上司的沟通意愿。你很难从他的嘴里听到实话，也很难深入地交流，而且气氛十分消极。德卢迪仿佛是我的敌人，正等待我发怒将他赶出去。不过，我并未这么做。我不可能用"下属讨厌我"的理由来开除一个极为优秀的人才。

让员工喜欢你，是管理者的基本任务

下属在没什么好气时顶撞上司，是管理工作中人与人、人与事之间矛盾运动的产物，这是一个正常现象。尽管员工是你的下级，但是，他们也有脾气，有不能突破的底线，有对上级的好恶、偏见或情感的倾向。一旦他对你有负面的情绪

< 193 >

和反对意见，沟通时就必然会有顶撞行为。对下属的顶撞处理得当，会对管理者形象的树立、上下级关系的改善和管理工作的改进起到良好的作用。因此，处理好下属顶撞自己这件事，赢得员工的尊重，是管理者必须具备的一种基本能力，也是检验管理者是否合格的一项标准。

首先要懂得缓和气氛

即便不高兴，管理者也要稳住场面，不能"崩场"，更不能红脸和发火。在这个节骨眼儿上能不能稳住场面，抑制住冲动，平稳地度过这个"情绪难关"，对任何一位管理者来说都是一项艰巨的考验。不少管理者根本过不了这一关。面对和员工沟通时遭到的冷遇，他们大感意外，面子上过不去。他们往往一气之下就控制不了情绪，开口训斥，甚至出言辱骂。其结果不仅影响管理者的形象，还导致团队的矛盾激化。如何缓和气氛？我的建议是制造冲突真空，转移话题，让对话停一停，力争使双方的情绪控制在能够把握住的范围之内。

查找和沟通原因，还是整治对方？

接下来，管理者要静下心来寻找原因，看一看究竟是什么原因导致员工对自己产生了厌恶感。在这个问题上，容不得你半点儿糊涂，也不能有侥幸和无所谓的心理。对于一个有头脑、有思想、有远见的团队主管，当下属表现出对自己明显的抵触情绪时，就算是员工不对，也要先把事情的来龙去脉搞清楚，把导致下属顶撞和冷脸的原因弄明白。只有原因清楚了，解决问题时才能对症下药，快速见效。

用镜子照一照自己

还有一种情形，员工看上司不顺眼，有时看起来是由于员工头脑突然发热、情绪一时冲动引起的（比如利益受损），但是说上司一点儿责任也没有，也是不可能的。可以肯定地说，不管在什么情况下，下属对上司的反常行为，都能或多或少地从管理者的身上找到原因。管理者一定要有自责的勇气和理智，多从自身查找问题。比如，反省一下自己在领导能力方面的优点和缺点，管理方法是否得当，工作安排是否合理，与员工的思想沟通是否经常和及时，对员工的情况是否了解，是否对他有过误解，让他受了委屈等。

< 194 >

108 员工惜字如金，如何打开他的心扉？

如何与勤奋有余、主动性不足的员工沟通？

在企业中，有很多员工很勤奋、冷静，但工作中却不够积极和主动。比如，他们在沟通时惜字如金，主动性不足，经常你问三句，他答一句，回答十分简洁，用词十分谨慎。这样的员工在工作上一般不会出现大的错误。我们应该支持和鼓励他们的工作，并且尽力激发出他们的主动性。但在沟通时，管理者却要采取一些特殊的策略。

例如，你可以这么说："小赵，你进入我们公司已经有半年多了，工作做得很好，从来没有出过什么大的失误。我很欣赏你这种勤恳踏实的态度，决定让你单独负责一个项目。这个项目，我不过问，你只需要定时向我报告进度。你觉得怎么样？"这样与他沟通，既让员工感觉到你对他的肯定和赞赏，又能创造一个积极的环境，用正确的手段"迫使"他主动和同事沟通，一步步激活他的沟通属性，把他的潜力进一步开发出来。

员工为什么惜字如金？

我们还要考虑到员工不喜欢说话的深层次原因。具体分为两种情况：一种是他本身就是安静型的人，性格内向，天生不爱多说话。还有一种是慢热型的人，他刚进入一个新的环境时比较内敛，放不开，跟谁说话都显得十分拘谨。他需要适应一段时期，才能较好地融入团队。如果是第一种情况，最好让一个性格活泼的同事去带动和引导他；如果是第二种情况，管理者不用担心，等他适应环境后，自然就变得容易沟通了。

109 需要向员工道歉时，如何开口？

2017 年，美国优步公司发生过一次影响很大的"上级对下属道歉事件"，主角是优步公司 CEO 特拉维斯·卡兰尼克领衔的管理层。他在全体员工大会上向一名已离职的软件开发人员苏珊·福勒诚恳地致歉。起因是福勒在网上发表文章，

< 195 >

声称她在优步工作期间遭到了性骚扰，而该公司人力资源部门却试图保护她的上司，而不是解决问题。

这场道歉十分隆重，卡兰尼克与董事会成员阿里安娜·赫芬顿、人力资源资源主管一起在公司总部举行会议。当谈到这起事件时，卡兰尼克眼含泪花。他承认公司文化存在缺陷，未能适当地及时回应员工的投诉，并说："这是不可原谅的行为。"

从这个案例可以看出，当管理者需要向员工道歉时——确定是公司和管理者的错误，**越真诚、越公开、越正式的道歉，效果就越好**。隆重的道歉不仅能够迅速地消除影响，还显示了管理者对员工发自内心的尊重。员工需要的不仅仅是一句"对不起"，还有效果明显的心理安慰。并且，管理者还可以借这样的机会重新倡导公司健康的文化，让员工体会到尊严。

赫芬顿是卡兰尼克的挚友，也是《赫芬顿邮报》的创始人。她是优步公司的第一位女性董事，具有处理棘手问题的丰富经验以及超强的沟通能力。在经营《赫芬顿邮报》期间，她就将精英政客、企业家和一些知名媒体人凝聚到一起写专栏文章，展示出了很强的亲和力。谈到这次丑闻时，赫芬顿毫不掩饰她的态度："如果这是错误的，我们要低头认错。我们绝不能对不起员工，即便他们已经不在公司了。"

不管怎样，当你需要向员工道歉时，选择什么样的方式将决定着最终的效果。比如，怎样说出第一句话？你是本能地推卸责任，还是用一些指向不明的词语淡化问题？在我的见闻中，就连受过严格的道德教育的企业家们多数也深谙逃避责任之道。因此，我在领导力沟通课程中说过一句话："不懂得向员工道歉的上司是公司的仇敌。"

在开口时，管理者应该遵循两项原则：

第一，不能回避核心问题，不能使用任何模糊的词语，要讲明事情的原委。

第二，态度要诚恳，最好是当众致歉，这对员工的心理抚慰是最为明显的。

110 不小心说错了话，如何收回？

作为企业的管理者，你不可能从不犯错，你的话并非金口玉言。这是一个不

< 196 >

可改变的事实，你不是完人，思维反应再快也保证不了你的话句句靠谱。一旦和员工沟通时说错了话，形成了不良影响，应该如何收回？你是马上纠正，还是死不认账？

第一，重大、常识性错误要立刻收回。 比如，众所周知的原则、常识和严谨的数据等，管理者在这方面出错，往往会造成很不利的影响，员工是相信还是怀疑？涉及具体的工作怎么办？所以，这类错误不能犹豫，必须立刻更正。

第二，别盲目相信"真理掌握在少数人手中"。 有些管理者经常打着"真理往往掌握在少数人手里"的旗号，固执己见，即使不小心说错了话，哪怕是严重的错误，也用力排众议的魄力强行树立威信，有一种"众人皆醉，唯我独醒"的心态。但是，现实告诫我们，这么做的管理者往往会导致自己成为孤家寡人。下属表面上点头称是，暗地里一定不以为然。

111　听到不想回答的问题，如何巧妙作答？

管理中有一种很常见的现象，就是员工对你提出的问题让你不快——你不想回答，或者当前不适宜回答，但员工又迫切地想听到答复，这时应该怎么处理？

第一，该坚持的不要松口。 不该说的，坚决不要说。作为一个管理人员，你的职位和员工不一样，要考虑的方面也和员工不同。比如，有些问题虽然员工特别关心，但站在管理者的立场上，却不能给予答复。这时，你的立场要坚定，该坚持的原则千万不要放松。一旦松口，有了第一次就会有第二次，一定会有其他员工过来继续提问，那时你就麻烦了。

第二，敏感的议题私下谈。 假如议题敏感，但又可以回答，管理者可以考虑"转移场合"。即，不要在公开场所和员工讨论这个问题，不管他是否急迫，都要转移到私下场合进行沟通，也就是在"一对一谈话"中和他交流，给他满意的答复。管理是一个有原则、有流程的工作，同时，也兼具一定的灵活性。只有管理者懂得因地制宜、量体裁衣，才能避免出现较严重的分歧。

< 197 >

112 重点培养的人想辞职，如何挽留？

当一名员工提出辞职时，内心必定经过郑重思考而做出了选择。理由不外乎下面几种：

第一，我想辞职，所以辞职。（任性型）

第二，薪水比较低，职位不理想。（想加薪升职型）

第三，上班距离过远，难以坚持。（客观因素型）

第四，个人生活遇到事情，需要处理较长的时间。（突发意外型）

你拿什么留下一颗"想走的心"？

这四种情况都很常见，出现在每一家公司雇员的辞职信中。但最难处理的情形是，这名欲离职的员工是我们重点培养的人才，你对他寄予厚望，不希望他离开。那么，要用什么方法才能最终成功地留下他呢？

对于任性型员工来说，你要明白"任性"并不是其离职的主因，通常是他在工作中感觉遇到了某种瓶颈，使他不开心，因此想放松、充电或者换一个环境。越是任性的人在做一个重大决定时往往越坚定。我们将他强留在当前的环境中只能够拖得一时，对他的工作心境不会有任何实质性的改变。除非你愿意主动地调整他的工作环境，帮他寻找新的挑战。升职是一个好办法，但并不一定奏效。策略是，先问他有哪些具体的不满，然后告诉他你能解决的问题范围，让他"二次思考"之后再做出决定，最后应该尊重他的选择。

对于希望加薪升职的员工，情况要好办一些。相对任性型员工，挽留功利型员工的难度要小很多。既然他是公司重点培养的人才，满足这个条件并没有什么难度。问题是他的具体要求是什么，是否超出了公司能够承受的上限？管理者需警惕的一种情况是，有些员工就算留下来，也会一边拿着增加的薪水，一边寻找新的机会。我认识一位深圳的企业家，他为了留下一名重要的技术人才，一咬牙加薪35%，7个月后对方仍然跳槽去了同城另一家出价更高的公司。他花了一大笔钱，也没能留住人。

重点是与之沟通的方式。站在管理者的角度，我们不同意员工辞职，理由无非是：第一，这个员工实在是不可多得的人才。我们本来就想让他晋升，为他加薪。第二，公司一时找不到合适的替代者。管理者在制定挽留策略，开始谈话之

< 198 >

前，应该首先想清楚："我这么做是否有效果？"如果答案是肯定的，就全力挽留。如果并不确定，我建议管理者尽早寻找替代人选。因为沟通并不是万能的，能说会道并不意味着在做任何事时你都能心想事成。

心里的芥蒂能否消除？

如果员工突然开窍，收回辞职信，真心想好好地跟你干下去，继续为公司做贡献——说明挽留成功，那么，此时你和他如何达成新的信任呢？

从管理者的角度看，既然一个员工已经提出过辞职——他想走，那么，他很有可能再次提出辞职，只是时间早晚而已。我们所谓的高薪挽留，仅仅是权宜之计。双方即便经过高质量的沟通，但是，彼此心中也已经有了芥蒂。这道划过心口割出血来的伤痕可以消除吗？后果是管理者要优先考虑到的。从员工的视角看，他必须拿出 120% 的努力，去修补之前辞职所造成的芥蒂。员工也不可能心安理得地如同任何事情都没发生过，所以，他也会为自己准备后路，防止老板秋后算账。我的建议是，当我们计划挽留一名优秀人才时，应该提前拟定一份 B 计划：从内部提拔可以接替他的人选。这是对团队损失最小的一种方式。

< 199 >

◆ 如何与有个性的员工沟通?

× 不能允许"个性员工"冒犯管理者的权威。

√ 我尊重员工的个性，但希望他拿出解决问题的方案。

◆ 员工喜欢沉默时，应该怎么沟通?

× 说明他们的服从性好，那就不用考虑如何沟通。

√ 针对性地激励他的表达欲望，帮助他融入团队的氛围。

◆ 管理者如何向员工道歉?

× 为了照顾管理者的面子，最好私下道歉，别让其他人知道。

√ 涉及重大问题时，应该公开、真诚地道歉，把坏事变成好事。

◆ 员工对你没有好感，应该如何处理?

× 员工对上司没好感是正常的，不用过分关注。

√ 研究具体的原因，找出问题的根源，扭转在员工心目中的形象。

< 200 >

互动（Interaction）：

沟通的最高境界，是双向的"积极交流"

◆下属向上司提出的工作建议有92%是毫无意义的。员工为了安全起见，他们会说一些"正确的废话"。

◆员工该出的错一定会出，达不到预期的事情也一定达不到预期。我们一定要放平心态，接受那些不好的事情。心态放平了，沟通才有效果。

◆一般人并不是天生地厌恶工作。大部分人其实愿意对工作负责，并且有相当程度的想象力和创造才能；控制和惩罚不是使人实现企业目标的唯一办法，还可以通过满足员工爱的需要、尊重的需要和自我实现的需要，使个人和组织目标融合一致，以此达到提高生产效率的目的。

◆我们可能保证了每个人说话的权利，但没有保障每个人说话的机会。而且，作为管理者，我们可能严重地忽视了这一点。新时代的员工追求"自由表达权"——这也是沟通的生命线。既然你不让他开口，那么，他也就不在乎你说什么了。

113 如何让员工跟着你的思维走？

年轻员工天生叛逆，不想被人牵着走。他们喜欢特立独行。但是，你真的了解他们的思维方式吗？

美国著名管理大师迈克尔·波特曾经说过："一个管理者的能力表现并不在于指挥别人，而是在于能否指挥自己跳出最美的舞蹈。"波特的意思是管理好自己比管理别人重要。不过，在我看来，指挥整个团队共舞一曲，才是最高级的领导力。

怎样说服消极互动的员工？

对互动比较消极的员工其实是可以被激励的，只是需要付出较多的时间和较高的成本。这要求管理者要有充足的耐心。例如，对于创业公司来讲，雇用一名消极互动的员工确实存在风险，因为他们属于这样一类人：与世无争，人畜无害，没有明显的缺点，但是，也没有明显的优点。这类员工自愈能力极强，自我

< 202 >

保护能力极强，可进取心很小。他们按工作时间上下班，不迟到，不早退，老老实实地遵守规定，从不犯错，但是工作效率也不高。特别是和同事、上司的互动性很差，经常沉浸在自己的世界中。谈话时，你问一句，他答一句。你不问，他就沉默。他对和上司深入交流没多大的兴趣。

和消极互动型的员工沟通，最重要的是帮助他们挖掘内心中对于事业的欲望：

> "你最想做什么？"——有没有目标？

> "为什么不去做？"——消极的原因。

> "沟通有哪些问题？"——为什么不愿沟通？

> "我该怎么帮你解决？"——如何才能让你改变？

如果能和这类员工就上述四个问题找到答案，解开心结，他们就能在互动中变得积极起来，主动参与公司事务的磋商，成为会议中发言的积极分子。请相信，从这些人身上你能看到巨大的潜力。

沟通"共同诉求"

没有共同诉求，员工就不会跟着你的思维走。他们有自己关注的东西。这是非常重要的一个问题。怎么让他们处于心无旁骛、跟随你的节奏的状态呢？答案是兴趣（交集）。比如，从个人出发，别人说出怎样的话，你会突然提起兴趣，摘下游戏耳机，仔细地听他说？你在部门会议中什么时候会突然支起耳朵，参与度最高？一定是听到了你非常关注的话题。也就是说，个人的愿望、需求、欲望、回报、兴趣，在很大程度上可以决定一个人的倾听状态。按这个逻辑推导下去，我们只要了解员工最近的一些精神诉求和需求，分析他的工作性质、职业发展规划，就可以在很大程度上抓住他们的注意力，顺利地展开沟通，进行互动。

说服的催化剂

接下来的问题是，如何让他听懂你在讲什么，怎样让他理解你的思维？比

< 203 >

如，经过上面的步骤，员工已经将注意力转移到你的话题上，但是，你不能一直在重复他的诉求，像不停地开门却不走进房间一样，那就变得很无趣。如果不能深入地交谈，他们也很容易重新变得心不在焉，很可能应付一通，沟通就结束了。

我们可以想一想，人们喜欢看哪种电影？一种是平淡如水的电影，另一种是跌宕起伏的电影，人们如何选择呢？答案不言自明。在和员工的对话中，有转折、有起伏的语言可以保持人们的注意力，吸引他们继续深入地谈下去。另外，你也要在沟通中谈到实质的东西，也就是他们的诉求中最为关键的部分。

114 如何才能听到积极的建议？

为什么你听到的建议不是"建议"？

通过调查，我们发现，下属向上司提出的工作建议有 92% 是毫无意义的。数据让人难以置信，但却是事实。这是因为你没有明确地说出自己想听到的内容，甚至有时"暗示"和"提前表态"起到了相反的作用——这就是为什么你不能在开会时率先表明观点的原因。为了安全起见，员工也会说一些"正确的废话"。这种互动是消极的，也是没有产出的。

管理者对支持自己计划、意图的建议反应最为积极。实际上这并不是坏事，毕竟你要专注于优先事项，保证工作的效率。但是，你也应该承认，你对于某些建议不感兴趣，这就会导致员工的"虚假参与"——他们装作在说的样子，实际上说了等于没说，而你也是左耳进右耳出，没有听去。此外，你的这种态度还会发出一个模糊的信号，让员工进行反馈时不要说真话。比如在 A 和 B 两种选项中找出一个最佳方案，或者邀请部下随口说出他们在会议上的"即时想法"。结果却都是"他们不想说的"。

这么一来，沟通就成了一种实质上是单方发言的"**假互动**"。你表现得很开明，员工却心知肚明，获得的成果可能并不契合你所追求的目标。这几年，我们在许多行业中看到了这一现象。当被问及需要改善的方面时，一线员工关注的重点是客户满意度，但管理者则在寻找提高销量和利润的方法，双方的互动就无法展开。假如你在会议上没有说明自己需要的具体建议，员工就很难真心地献言献

< 204 >

策。因为你发出的信号是：

"你们贡献的意见没有用。我不感兴趣，我不想听！"

毫无疑问，这种"假互动"让员工产生日益加重的挫败感，也就提不出有价值的建议。到最后，他们不再说话，对上司的虚伪已习以为常。为了改变这种情况——听到积极和真实的建议，管理者必须进行有目的的调查或对员工个人进行访谈，从他们那里了解情况和发现问题。如果你有时间综合汇总所有的信息，然后采取行动，那么，调查得来的成果才是有意义的，否则，就会适得其反。

20 年前的经验现在可能是"毒药"

最后，不要再迷信过去的沟通经验。有的企业家过去取得了辉煌的成功。但员工在进步，你可能却在原地踏步，仍然活在 20 年前的思维中。管理者经常说："你再想想，以我的经验不是这样的。"管理者非常不屑于部下的思路，只因为不符合他们的经验。

对此，管理者不仅不能迷信自己的经验，还要改善互动的方式，让员工放下"心防"。比如，我们学习互联网技术，将移动会议用于沟通，这样能让员工在充分的距离保障下，大胆地说出他的真知灼见。很多时候，员工在面对面时不敢表达的观点，在电视、电话会议中可能就敢说出来。

115 如何处理针锋相对的争论？

艾力克的公司遇到过这样的事情，一名新来的员工汤姆与美女总监卡莉针锋相对——只要是二人语言沟通，总是针尖对麦芒，你来我往，互呛一场。他们是一对天敌。汤姆学历不高，但专业能力很强，是出众的技术型人才。公司的业务离不开他。美女总监卡莉是优秀的管理型人才。但是，她自恃有老板做后台，从来不给手下好脸色。每当两个人吵起来、互不相让时，战火就要烧到艾力克的办公室。

员工不服从上级的安排，或者总跟你针锋相对时，作为管理者，你怎么办呢？如何才能健康地展开互动，取得沟通成效呢？卡莉的做法是毫不退缩。她向艾力克打报告："老板，解雇这个叫汤姆的家伙！"艾力克只能回复说："再给他

< 205 >

一次机会。"他没有及时地介入其中，而是坐观其变，引发了严重的后果，卡莉率先离职。她觉得老板太差劲儿了，这种不作为的处理方式损害了她在部门的管理权威，敢于顶嘴的下属越来越多。几个月后，汤姆也另栖高枝。他认为留下来必遭老板的报复。

我在加州大学伯克利分校的哈斯商学院授课时，也听到过另一位公司总经理的抱怨。他是空降兵，被纽约总公司派来负责加州分公司的行政管理。这家公司大多是元老。他们工作多年，经验丰富，历经数次裁员依然不动如山。这说明，他们是公司的中流砥柱和肱骨之臣。"这种人最不好惹，已经过了安分守己的阶段，有时甚至任性妄为，想怎么干就怎么干。他们虽然业绩不如新人，但是最喜欢跟上司较量。可你动不了他们。"他说，"如果一个政策触及他们的利益，必然得不到执行，开会时不是热战就是冷战，绝不让步。"其结果总是以总经理写辞职信或被调离为结局。

处理针锋相对的局面，有没有安全系数较高的沟通思路？请想清楚下面的这四个问题，然后，按照步骤进行沟通。

第一，他们在想什么？（需求）

第二，他们想说（要）什么？（表达）

第三，你能（想）给什么？（条件）

第四，你准备妥协（强硬）吗？（应对）

116 假如工作达不到预期，怎样提出你的建议？

对员工要提"建议"，不要提"意见"

与你想的不同，向员工提出相反的建议，并不是一件容易的事情。因为说得轻了达不到效果，说得过了又容易得罪人，使他心生不满，甚至"怀恨在心"。以前，我的公司里有个年轻人，工作有热情，却不懂方法，交给他的事情经常做不好。他的付出很多，业绩却很差。不得已，我就要经常给他提建议，可是每次效果都很不好，甚至引起了他的抵触情绪，非但工作没有进步，还影响了我们的关系。

既然这样，我就得更换方法，寻找一种最佳的提建议的方式。比如，改变不了

< 206 >

别人，我得先改变自己，从我自己的身上找原因，换一种沟通方式。我站在他的角度去谈，假设他这么工作下去，将来在公司会怎样，有什么坏处等，这样就成功地让他认识到了自己的问题，提高了我们沟通的效率。他对自己的前程很担心。他的未来被我按他目前的状态推演了一下之后，他立刻就改变了工作态度，认真地学习工作技巧。所以**互动要找到切入点，切入点不对，你的好心没人理解**。

　　最怕的是你只有评价，却没有建议。做评价容易，这不对，那不好，任何人张口就能说。提建议就难了，建议是方法，是一种具有可行性的方案。就像有个女孩刚剪了头发，拉着朋友就问："怎么样，亲爱的，我的新发型好看吗？"朋友端详了半天，想了想说："好像不太适合你啊。"然后？没有建议，女孩追问了半天，她也没说出个所以然来，只是一味地回答："反正就是不适合你。"这种建议就是不恰当的。下次再有什么事，别人就不找她征询意见了。

不要人身攻击和居高临下

　　还有的管理者容易犯居高临下的错误，看见员工工作做得不好，就以老前辈、领导的姿态指手画脚，甚至大声斥骂："你看你，这点儿事都干不好？智商也就这样了！"这种人身攻击更是要不得的。员工不但非常抵触，也很难去改正他的问题。而且，员工会因为上司的斥骂而强化自己的错误行为。这是由人的逆反心理决定的——既然你这么对我，我就干脆继续这么做！

放平心态进行讨论

　　著名的墨菲定律说：

　　一、任何事都没有表面看起来那么简单。

　　二、所有的事都会比你预计的时间长。

　　三、会出错的事总会出错。

　　四、如果你担心某种情况发生，那么，它就更有可能发生。

　　放到管理中，这四条法则是在说，**员工该出的错一定会出的，达不到预期的事情也一定达不到预期**。听起来不好接受？这是告诉我们一定要放平心态，接受那些不好的事情。心态放平了，沟通才有效果。管理者的心态好，提出的建议员工也能听得进去。如果你接受不了手下犯的错误，我建议，你直接解雇他。因为你很难平静、理性地和他沟通。

< 207 >

如何有效地找到思路？

作为团队主管，"提建议"帮助下属成长是一种必须尽到的义务。既然如此，怎样有效地帮助员工找到思路呢？

第一，注重将来，而非评价过去——有建议要早提，不要等到既成事实，再跑出来评价。就是说，过去的已经发生了，我们应该面向未来，别在他的伤口上撒盐。而且，有建议也应当早提，以预防为主，尽量别让问题发生，才是最好的建议。

第二，对事不对人——特别是不要扣帽子。这一条很好理解，就像前面说到的，不要进行人身攻击，不要从人格上否定员工，这是最坏的管理方式。要具体问题具体讨论，针对事情本身提出你的建议、要求，并协助他改进自己的工作模式。

第三，注重可行性而不是摆观点——要用结果导向去沟通。单纯地摆观点，除了能满足你自己的表达欲望和发泄情绪外，对他基本没有实质上的正面作用。管理者对员工提出建议时，目的就是要对事件的结果起到推动作用，因此，要提供具体的步骤，帮助他制订计划。

117 为什么多数管理者都在与团队"惰性互动"？

麦格雷戈是一位剑走偏锋的美国管理学家。他于1957年提出了著名的"X-Y理论"。他把传统管理学称为"X理论"，将自己的管理学说称为"Y理论"。传统的X理论认为，大部分人天生懒惰，尽一切可能逃避工作；大部分人没有抱负，宁愿被上司批评，怕担责任，视个人安全高于一切。因此，上司对下属必须采取强制性的命令和软硬兼施的管理措施。这是"惰性互动"的诱因，管理者对沟通失去希望，对团队放弃了治疗，才把希望寄托于制度。

不过，麦格雷戈的Y理论相反，他认为：

> "一般人并不天生地厌恶工作，大部分人其实愿意对工作负责，并有相当程度的想象力和创造才能。控制和惩罚不是使人实现企业目标的唯一办法，还可以通过满足职工爱的需要、尊重的需要和自我实现的需要，使个人和组织目标融合一致，达到提高生产率的目的。"

< 208 >

你为什么总是和人"惰性互动"？

从管理学的角度讲，人的行为表现并非是固有的"天性"所决定的——人的天性在管理环境中最容易被重新塑造。人的行为表现更多的是企业管理实践造成的，也就是管理者的意志起到了决定性作用。具体地说，如果你在管理中剥夺了员工较高级的需要，比如感情上的需要、地位的需要、自我实现的需要，就会使员工产生"病态的行为"，进而也反过来影响管理者，促成互相的"惰性互动"。

为了防止（改变）出现这种情况，管理者要极力避免产生那种消极、敌对和拒绝承担责任的态度，不要刻意地压制员工的高级需求，要鼓励员工大胆地说出他们的需要，培育他们的事业野心。员工动机是积极的，和管理者的互动才能积极起来的，对团队形成正面的影响。如果员工动机是消极的，士气低迷，团队早晚形成惰性互动的氛围。

我们需要积极的想象力

实现"积极互动"的终极方案是什么？麦格雷戈强调指出，我们必须充分肯定作为企业管理主体的人，即：企业员工的积极性是处于主导地位的，他们乐于工作，勇于承担责任，并且多数人都具有解决问题的想象力、独创性和创造力，关键在于管理者如何将下属的这种潜能和积极性充分地释放与发挥出来。管理者要改变思想，乐于释放员工的想象力，给他们积极参与工作，成为工作的主导力量的空间。

118 "频繁谈话"的伤害性

不要成为"谈话狂"

纽约一家公司的行政主管约翰有一个特点，如果沟通对象没有表示出服从和对他的"完全理解"，他会亢奋地像一只向猎物发起冲锋的猛虎，一次又一次地找对方谈话，直到达到目的。比如，包括正式和非正式沟通在内，一天谈四五次，甚至更多，让人喘不过气来。

< 209 >

约翰的一名下属说："这是个有讲话癖的变态。我就是行政部门的一位普通员工，工作丝毫不起眼儿，有我没我是一样的。到今天，我入职还不到一年，可他找我谈话快 400 次了。有些问题明明一次就能说清楚，简单得甚至不用说就能理解，他也要找我三四次，反复地说，让人很烦。我觉得他有病。"

可以说，一个"谈话狂上司"对员工的伤害是灾难性的。比如，约翰对新入职员工一周要进行 8 次面谈，对老员工一周要进行 4 次面谈。这个谈话频率就是非常高的，应该至少降低一半。团队中任何形式的互动都应有所节制，面对面的谈话应该控制在每周 4 次以下。积极的互动是好事，可不能过度。

我们的调查："你觉得应该多长时间谈一次话？"

你的答案：＿＿＿＿＿＿＿＿＿＿＿＿＿

谈话的"缓冲原则"

在谈话时，不要着急"吃豆腐"，要给员工一个基本的缓冲时间。因为人们在工作中难免会因错误、违反规定而受到批评，但无论是谁，"挨批评"总会让人感到不愉快。这时候，找他谈话的次数是次要的，沟通的质量和谈话后达成的效果才是主要的。所以，管理者在谈话前要设计好沟通的结构，如何问"关键的问题"，怎样让员工有一个舒适而非紧张的心理？想好了再开始沟通。原则上讲，这个缓冲时间以 2 个小时为宜。即，当员工意识到需要跟上司谈话时起，至少 2 个小时后再和他进行沟通，而不是立刻开始。这样做是为了让他有一个"**心理准备期**"。

进行"授权式谈话"

有一件事是管理者必须做到的，不仅仅是你亲自与团队的每一个员工谈——这不是你作为团队主管的"第一职责"，而是要培养团队骨干向你学习，懂得如何与员工沟通。这是非常重要的一个任务，要多进行"授权式谈话"，教会你的部门主管理解你的沟通风格、意图，多与自己的直接下属谈话。

这样一来，你就不用一个人累死累活地负责与每个人互动。这才符合管理的本质——**我们要逐级管理，而不是越级管理**。你的任务是协调，不要每天自己充当"老黄牛"。

< 210 >

119　让每个人都有说话的机会

我们可能保证了每个人说话的权利，但没有保障每个人说话的机会。而且，作为管理者，我们可能严重地忽视了这一点。新时代的员工追求"**自由表达权**"——这也是沟通的生命线。你不让他开口，他就不在乎你说什么了。

你在使用"以权压人"的互动方式？

让每个人都有说话的机会，是从员工的角度对管理者权力的解释。在企业管理中，人和人自然是存在层级的，也一定有上下级之分。这是组织伦理的基石，也是企业能够保证稳定运行的关键规则。但不正常的是，不少团队主管将这种层级视为理所当然，认为这意味着自己可以随意做任何事。比如，他们把职务当成资本，以权压人，根本不管员工的感受。他们与员工沟通时更是颐指气使，一副"我是上级，你必须服从"的强势做派。这类管理者仿佛在这种以权压人的行为中能够极大地满足自己的成就感、存在感。他们容不得下属对他们有任何的不恭，也不允许任何下属挑战他们的权威。这就造成了一种极不正常的"威势互动"：

第一，他们以权力压人，听不进员工的建议。

第二，一旦有员工提出相反意见，他们便大发雷霆，破坏团队氛围，人人自危。

在任何时期，以权压人的沟通方式对待任何员工都不是一个好方法，只会招致员工的反感。只是有些管理者早已习惯了这样的做法，似乎屈服的人还不少，于是感觉很有效。这是因为大部分员工非常在意自己的工作，不敢随意失业，所以只能忍让。但这不意味着这种沟通方式就是有效的。其实恰恰相反，它压制了下属提建议的意愿，最终团队变得死气沉沉，毫无生机。

让每个人都可以开口，哪怕是诽谤你

我的建议是——沟通时抛弃"职位属性"（完全忘记自己的职位），允许每个人对你提出质疑和相反的意见，让大家都能开口，也都敢开口。哪怕他们是在诽谤你——提错误意见和怀有恶意地攻击你，也要让员工将话说完，你再有理有据

< 211 >

地进行反驳。只有这样，团队才能逐步培养起良性互动的风气。

120 创造"特定情境"下的互动

"情境"是任何形式的沟通都无法回避的一个词。它决定了我们的语言将以什么样的方式影响对方，也赋予了沟通千变万化的形态。抛开单纯的企业层面，从微观的角度看，沟通还具有一些比较复杂的作用。它是人与自身、人与人、人与环境等不同的因素进行信息交换和价值展示的工具。具体表现为：

第一，员工自尊的体现，他们的"自我意识"。

第二，人际互倚，员工维护自己的人际关系。

第三，初始决策，员工通过互动决定要做什么。

第四，情感，员工的情感唤醒与传递，情绪、行为和团队关系的变化等。

特定情境的不同效应

基于上述四点，在一些特定的情境中，管理者的行为及情感表达会引起下属行为的不同变化——这种变化经常是始料不及的，是由不同的情境所影响的。比如，管理者的支持行为和言语攻击、领导情感（管理者积极和消极的心境）引起的员工情绪、行为的变化，都会影响沟通的水平和互动的成果。如果管理者表达的情感与事件不匹配，就会通过引起个体的消极情绪感染传播到整个团队，最终影响到团队关系和企业的决策质量。

因此，管理者要学会针对不同的情况，创造特定的沟通情境，用于解决特定的问题。我们不能用一对一的互动方式来处理小组讨论、部门例会和"一对多"谈话。我们也不能在员工士气低落时（特殊情境之一）堂而皇之地和他们谈大规模降薪的计划。一旦判断错误，你将双输——沟通的失败和失去员工的拥戴。

英国莱斯特大学的管理学博士曾仕强说："按我们中国人的说法，见人说人话，见鬼说鬼话，实际上还要再加一句，要学会在不同的地方和不同的人讲不同的话。管理者还要懂得怎么创造这些特殊的对话机会，把你想说的话在最适合的地方说给对方。听起来比较绕口，现实就是这样的。"

除了一对一的个体情境外，我们最常碰到的是组织（团队）情境。在办公

< 212 >

室、会议厅、谈判桌、商业论坛，还有不同形式的小组沟通，这些是组织情境。在这一情境下，我们可以解决重大问题的沟通，特点是全员参与，需要每个人充分发言。因此，大多数企业家希望在组织情境中探讨工作议题。在这一情境的沟通中，某个人的观点、情绪不仅会影响管理者的态度、行为，同样，也会立刻影响其他人的想法、态度与行为。所有人的这些反应将会通过影响管理者，来对团队决策产生深远的影响。

< 213 >

◆ 如何让员工跟着你的思维走?

✕ 管理者说出想法，要求员工跟上即可。

√ 找到共同诉求，也就是双方的兴趣交集，深入沟通。

◆ 如何才能听到积极的建议?

✕ 让员工有发言的机会，引导他们的思路。

√ 集思广益，同时说出你的需求，欢迎人们自由发言。

◆ 员工针锋相对时，管理者怎么办?

✕ 强力弹压，保持团队的统一立场。

√ 倾听各个员工的观点，给出客观的建议，才能结束争议。

◆ 如何向员工提出你的建议?

✕ 管理者有权随时提出建议，这是上下级关系决定的，不用考虑太多。

√ 平等沟通，不仅要给出建议，还要给出具体的步骤。

< 214 >

后记

假如你不善言辞，应如何迈出这一步？

今天，仍然有很多人天真地认为，他之所以把自己的工作做得很好，赢得一场谈判或者管理好一支优秀的团队，是由于他自己毫无争议的聪明才智、勤奋能干以及做对了事情，卓越的沟通能力并不在他的清单中。然而，在本书中，你会发现，一次高质量的沟通往往比强悍的业务能力对于管理的成功更富有决定力。它可以改变一些关键问题的走向，让危机发生出人意料的转机，也可以激励和释放团队的潜力上限，做出常人想象不到的成绩。总而言之，"领导力沟通"是任何行业、领域的管理者要将事情做好的必备素质。

对管理者而言，无论想快速地得到机遇，获得员工和客户的信任，或者是让公司的内部会议产生真知灼见，从"狡猾"的员工那里听到和探知真实的信息，毫无疑问地都应该学会沟通，而且是高效务实的沟通。一次好的沟通，它不应该提出漫无目的、未加思索的问题，也不应该给出敷衍啰嗦、毫无意义的回答，而应该是一把经过高效思考、富有针对性的钥匙。如果你的思维严谨，目的明确，逻辑清晰，那么，沟通对象也能从中得到思考的机会，并且从中得出富有成效的结果。

罗辑思维的主讲人罗振宇说："好的口才，是一个人建构自己影响力最高效的方式。这一点，在互联网时代尤其明显。"今天，我们面临的是一个需要自我营销和彰显语言能力的时代。成功的企业家固然业务和技术能力十分出众，他们有开发市场的天赋。但如果没有很好的沟通力，不精通团队的信息交流，管理效率就会很低，他对企业的领导力也就谈不上卓越。事实上，精英管理者的沟通能

< 215 >

力不仅源于天赋和积累，也是有针对性地训练出来的。如果你能够把沟通中的难题都拆解成一个又一个具体的问题，再针对每一个具体问题进行专门的分析和改进，沟通能力也将逐渐变得与众不同。

与众不同地说

无论你是多么内向的管理者，喜欢在与人沟通时保持适当的沉默，也要学习和拥有与众不同的表达能力。面对员工提问时的沉默和回避并不高尚，也不聪明，员工也不会喜欢和欣赏这样的上司。在本书中，我们提供了数章关于如何表达的内容，希望能帮助读者提高自己主动表达的能力。提升沟通力，"说"是一项至关重要的技能。

学会听，听是最高级的沟通技术

即使你不会说太多，也要学习"听别人怎么说"，透彻地了解员工的真实想法，才能更好地应对种种状况。对于新时代的管理者而言，懂得倾听是沟通的底线，同时，也是一种非常高级的沟通技术。在听的时候，对于员工的观点需要及时地回应，对不认同的观点也不要漠视不理。这些基本常识如今已经被人们忽视到了需要不断强调和提醒的地步。斯坦福大学领导力沟通课中的许多观点都是人人皆知的道理，但正是在日常管理中的缺位才导致了团队沟通出现问题。人们懂得倾听，可又缺乏有效的运用方式。本书提供的一个技巧是，听到任何观点时都不要急于下结论，也不要着急地迎合对方。我们要有一个专注的"倾听时间"，听完了再说，而且，一定要想好了再回答。这应该成为一项铁律，防止我们向员工做出一些不切实际的承诺——这会产生无法弥补的后果。

保持刻意和专注的练习

没有刻意和专注的练习，你的沟通能力就不会得到质的变化。因此，设定练习时间和养成一个持久的好习惯是必不可少的。我有一个建议是，像练习钢琴一样去学习沟通，一点一滴地积累，只有不断地进步，量变才能换来质变。这是因为沟通能力的提升一定会产生叠加效应，不是 $1+1=2$，是 $1+1=2^n$。我们既要练习一些基础的话术，要研究不同类型人的沟通方式，还要从无数成功的沟通中积累经验，从失败的沟通中汲取教训。随着时间的推移，你必能如愿达到目标，成为

< 216 >

一个善于和员工沟通的高手，并在团队中形成卓越领导力。

追求持续的改变

本书最后的建议是，每天只需拿出 30 分钟阅读本书，领会三到五个章节，然后，针对性地做一些笔记，半年之内你的沟通能力就会大大地提升。你将会重新认识团队，也将会重新开发自己。但是，一定要追求持续的改变，而不是浅尝辄止。你只有不断地改变自己，数个月后你才能明显地察觉到——团队与你的沟通正在发生积极的变化。这是我们最想看到的，希望本书让每个人受益。

< 217 >

A. 运用斯坦福领导力沟通课的三项原则

◆找对人（Right People）：我们应该找谁沟通？

人择定律——推心置腹，也要先找对人。人没找对，你说什么都没用。

◆找对时机（Right Timing）：什么时间可以沟通？

双正定律——在正确的时间，去说正确的话。很多时候沟通之所以失败，不是因为话说错了，是时间不合适。

◆找对场合（Right Place）：什么地方可以沟通？

85定律——环境（场所）决定了沟通效果的85%。选择对了场合，沟通才真正地有效。

B. 和员工沟通的八条禁律

◆不要占用员工的"私人时间"。

◆不要主动触及"隐私话题"。

◆不要向员工倾泻自己的"负面情绪"。

◆不要在员工面前"自我夸耀"。

◆不要总是试图"以权压人"。

◆不要总想下结论。

◆不要先表示拒绝。

< 219 >

◆不要吐露你对另一人的坏印象。

C. 斯坦福领导力沟通课的 46 条黄金法则

合理法则：我们提出的问题一定要合理。

德国文学家歌德说："如果你想得到一个明确的答案，就要先问出合理的问题。"沟通从来不是一件简单的事情，我们在提出问题时要恰到好处才行。如果不注意分寸，逾越常理，很容易沟通出糟糕的效果。这表明，只有管理者选对了话题，员工才愿意真心回答。

身份法则：话题要符合双方的身份。

沟通的话题与双方的身份是密不可分的。特别是与不太熟悉的人交流时，为了避免出现尴尬的状况，收到良好的效果，就要依据他的身份选择对应的话题，建立稳固的沟通桥梁。比如，你不能向警察请教如何偷东西而不被抓住，恐怕也不能询问一个银行家如何在金融市场洗钱。无论你说些什么，都应符合双方的社会地位和在企业中的职位。

情境法则：话题要符合当下的情境。

选择恰当的话题，特别是符合当下情境的话题，才能促使他人产生强烈的表达欲望，至少不会拒绝与你沟通。如果你提出的话题与当下的情境不合适，甚至有严重的冲突，比如，在外部参与者众多的公共场合要跟员工聊他工作中的重大失误，他不仅感觉不自然，还会认为你这是羞辱他。"合适的情境"是开始建设性沟通的第一步。

有效法则：不管你说什么，有效才是标准。

一个领导喜欢讲话并不是什么缺点，也没有坏处，但前提是讲到重点，讲出效果，不要总说废话。你要通过一个有效的沟通，帮助自己收集更多的信息，才能够对下一步决策做出更加准确的判断。就是说，沟通要追求有效性，要形成领导力和驱动力，而不是漫无目的地浪费时间。

具体法则：和员工沟通时避免"总体性"的话题。

"你喜欢什么样的工作？""你觉得部门还存在哪些问题？"一般情况下，这种总体性的问题人们并不好回答，因为它需要较长时间的思考，也很难让下属有

< 220 >

所触动，多数人感觉是无从回答的，也害怕问题存在陷阱。具体要求是，针对人们的特点具体地提出某一方面、某一部分的专业问题："你喜欢市场运营这个工作吗？""你觉得部门的策划方案在高层会议上起到作用了吗？"它可以让你们快速地进入到互动的氛围中。

要害法则：开口提问就要问到"要害"。

过于空乏的问题意味着你在"没话找话"，只会让人倍感无聊。沟通要注重时间效率，每一秒钟也不能浪费。想要从沟通中有所收益，让人愿意跟你倾述，就要问到对方所关注、在意或利益相关的"重点区域"。问到要害，才能深入和高质量地展开沟通。

信息法则：沟通的目的是获取有价值的信息。

沟通的根本目的是获取有价值的信息，而不是打发时光。向员工提问的过程，同样也是对"已知信息"进行分析整合的步骤。因此，要学会在无数"模棱两可"的信息中找到真正有效的要素，谈出价值，不要在客套和寒暄中荒费光阴，方能事半功倍。

正面法则：用正面问题换取积极回答。

我们的一个经验是，提出正面的问题能够换取对方积极的回答。这种正面的提问可以让沟通对象拥有好心情。相反，若是直接提出负面的问题，会使对方联想到不愉快的一面，情绪波动，影响沟通的氛围，不利于交流的继续进行。我要强调的是，你应该用一个正面问题开始沟通，培育积极的气氛。

假定法则：提前进行积极的假设。

负面想象容易为沟通制造障碍，正面想象则相对容易让沟通走上正轨，为我们带来积极的回答。如何进行正面想象？诀窍在于"提前假定"一个积极的结论。比如："你觉得这个人有哪些值得尊敬的地方？"这个提前给出了一个假定：这个人是值得尊敬的。

自我法则：要激发人们"表达自我"的欲望。

每个人都喜欢表现自我，心中藏有欲望。特别是当他们做成某一件事时，特别希望说出来，以获得他人（上司）的赞赏。表达自我是人之常情。因此，给予他们这种机会，赞美或肯定他们的某种行为，引导他们表达，能够最大限度地激发对方内心中表达自我的欲望，对你畅所欲言。

< 221 >

赞美法则：发现并且赞美员工的优点。

赞美是沟通的常用工具。我对赞美的理解是，善于发现别人的优点，并且真诚地表达出来，为双方留下极佳的印象。这说明赞美的对象是员工的优点，你要发现并说出来，以取悦于下属。人们在高兴时总是容易多说几句，这是人之常情。赞美是你从沟通中听到更多信息的好方法。

实际法则：肯定和夸奖应符合实际情况。

无论你如何肯定员工和褒奖他，均应当以实际情况为基础，不应夸大其词。遵循实际，是管理者的一大铁律。实际的范围很广，除了员工的工作表现外，也包括对方的家庭、装扮、学识、爱好等，要确实是他的成就和可见的优点，有可查证的事实。否则，肯定和赞美就变得言之无物，反有敷衍和虚伪之嫌。

条件法则：话题要考虑你们双方的条件。

与人初次相见时，如何知道对方对什么话题感兴趣呢？这个问题很简单，你可以设法在最短的时间内，通过观察对方的衣服、配饰、手机、香烟，或者注意他的交通工具、住所地址和职业等，以此推断对方可能对什么话题感兴趣，再用试探性的问题去尝试沟通。在这么做时，也不要忘了你自身的条件，要把你们各自的条件放到一起对比，寻找交集，建立沟通的桥梁。

转移法则：一定要懂得适时转移话题。

当对方对你提出的话题产生兴趣以后，你们就可以愉快地交流。但如果对方对你提出的话题兴趣不大，或脸色难堪，流露出抗拒之情，你需要适时地转移话题，迅速找到一个既让他感兴趣，同时也符合你需求的问题。如果找不到，及时中止沟通，下次再说。沟通时要学会变通，从一个合适的命题进入，方能掌握局面，驾驭沟通的节奏。

兴趣法则：多了解下属的兴趣。

励志学者戴尔·卡耐基曾经说过："试图了解别人，对别人感兴趣，那么，在两个月内，你会交到很多朋友。如果你只专注于让别人对你感兴趣，两年也交不到多少朋友。"知道下属的兴趣对管理沟通十分重要，这有利于你展开换位思考。只有从他的兴趣切入，才能降低他抗拒沟通的力度，活跃交流的氛围。

换位法则：先重点思考对方想要的东西。

所谓的换位思考，就是多想一想对方需要什么，再看一看他的需要能否与自己的需求结合起来。真正善于沟通的人，他们懂得多说对方愿意听的，满足他人

< 222 >

的需求后，再借机提出自己的要求。只有用这种方式，才能够真正地打动人心，让对方愿意跟自己沟通。换位法则的核心是，我们要与沟通对象"互相满足"。

事实法则：表达质疑时应该以事实为依据。

很多沟通本就是一种设疑和解疑——如何从对方的回答中找到正确答案，打消自己的疑问？管理者避免不了对下属能力的质疑，并在沟通时表现出来，这很正常，但应该以事实为依据。一厢情愿地猜测和质疑是完全不可取的。情绪化的质问更是一种沟通的禁忌。因为没有人会喜欢别人把主观臆测的东西强加到自己身上，哪怕对方是上司也不行。当你想质疑一些东西时，最好掌握一定的事实依据，不要随意猜测。否则，你就会得不偿失，也容易引起对方的反感。

想一想法则：沟通之前多想一想，想好再说。

很多人都有这样尴尬的经历——有时对一些问题并不想说，也不想讲某些词汇，但却偏偏说了出来，控制不住嘴巴，然后，就开始后悔自己为何如此口无遮拦，接下来就只好向对方道歉。一旦出现这种局面，双方的沟通就很难正常进行下去，上司也给下属留下了负面印象。在开口之前，你要多想一想："我到底要问什么？我应该怎么跟他谈？"别想到什么说什么，先组织好语言，斟酌用词。有了充分的思考，沟通时就能从容不迫，逻辑严密，对方也就抓不到你的破绽。

准备法则：良好的准备是成功的前提。

在沟通前，做好充分的准备。唯有如此，才能在表达时胸有成竹，掌握对话的主动。在提问和回答之前，都要多做准备，特别是对于目标人的情况做到详细的了解，然后，有的放矢。没有人可以随随便便地成为沟通高手，也没有人能不做任何准备便出口成章，妙语连珠。优秀的口才取决于背后的努力。善于沟通的上司也是对员工情况有着充分了解的管理者。只有目的明确的人，才会用心去做和努力准备。沟通之前准备好，你才能用沟通解决实际问题。

等距离法则：保持对沟通距离足够的敏感。

人与人的交往总是在寻找一种合适的距离，彼此遵守对方的社交规则，互相尊重，才能各自感到舒适自在。全世界都是这样，人和人的距离感非常重要。但这个距离不可能从一开始就找得很准，而是需要在沟通接触中不断地调整，根据对方的表现以及双方的关系进展来调整自己的位置，保证双方的物理和心理距离始终维持在一个健康的水平线上。一旦有人挑战或破坏了"等距离法则"，比如过于靠近，话题、用词和说话的语气不加约束，就让对方有一种被攻击和被侵犯

< 223 >

的感觉。因此，为了和人们安全地相处，安全地沟通，我们要对距离保持足够的敏感，加强自我约束，划定一个安全的界限。当这个界限随着沟通的进展发生变化时，你要随时调节，维持双方的良好互动和动态的平衡，不要因为边界的模糊造成误会，破坏双方的关系。

提示法则：充分运用提示进行说服。

人们经常讨论如何沟通。现在每个人都在谈论怎么说服别人，尤其是说服员工。沟通的目标之一就是说服别人听从自己的意见，执行自己的决定。比如，在销售和商业谈判中，人们会汇总各方面的知识以达到说服对方购买自己的产品，或者达成合约的目的。为了提高效率，我们需要主动地提示对方，引导他们注意某些事项，就有疑惑的问题进行沟通，而不是坐等他们自己意识到这些问题。

大道理法则：只讲大道理通常是没用的。

在说服一个人的过程中，搬出一堆的大道理来压倒对方的方式通常是不会奏效的，反而会起到相反的效果。因为"以理服人"听着是对的，可也说明你空洞无力，拿不出接地气的实证，在现实中就没有效果。正确的方法是先摆事实，再讲道理，让被说服的一方从事实中看到结论，明白应该怎么做。凡是喜欢讲大道理的管理者，他对团队的领导力也是比较虚弱的。你永远不要指望可以用道理说服员工。

因果法则：不要偏离问题的因果关系。

沟通时，时刻注意因果关系，用因果关系连接话题的转换，保持核心议题的统一、连贯。同时，用"而且""但是""并且"引出话题的转折，掌握沟通的主动权，防止被员工把你带向其他的无关事项。就是说，前因没有解决，就不要转向新的问题。

联想法则：用联想的方式引导沟通。

使用联想引导式的沟通。比如，你是一位保险推销员，要推销一份人身意外险给潜在客户。你可以这样说："其实，我们考虑买保险，就是买一个保障。有了这份保障，会省去未来很多不必要的忧虑和万一。虽然眼前看不到什么收益，但它就像存在银行卡上的数字一样让人有安全感。"在说服对方时，运用联想的方式引导，能够减少对方的顾虑，消除他的抗拒心理。

否定法则：尽量不要使用否定式的语言。

无论你的官阶有多高，身份有多尊贵，在沟通时都要注意，尽量避免使用否

< 224 >

定式的语言，至少别直接否定对方的想法。要多重复和肯定你们共同赞成的观点，在此基础上，引导他自己分析哪些观点是不对的，而不是由你直接告诉他。

二选一法则：给对方两个不同的选择。

生活中，我们在让别人做一些较为艰难的选择时，对方常常会陷入两难的境地。其实，问题的症结就出在我们并没有给对方太多的选择空间，单选题是风险最大的沟通，多选才能降低风险。

对比法则：用对比的方式沟通。

美国有一名 10 岁的女孩，她特别想要一辆自行车，但父母告诉她："你可以拥有一辆自行车，但是，要自己赚钱去买，我们相信你的能力。"于是，女孩便利用每天放学的时间以及寒暑假去卖饼干。令人惊讶的是，这个女孩竟然在一年内卖出了四万包饼干。

饼干公司的人发现，即使他们公司最能干的人，也没有在一年内卖出过这么多。这个小女孩是怎么做到的呢？原来她每次上门推销的时候都会带上一张价值 30 块钱的彩票。当别人打开门时，她会先做一个自我介绍，因为自己想要一辆自行车，所以就在空闲时间出来卖彩票。接着，她会告诉对方，只需要花费 30 块钱，也许就能赚到 100 万。但几乎每个人都觉得彩票太贵，而不愿意购买。女孩被拒绝后并不放弃，而是一直坚持说服对方。尽管人们都很同情她，但仍然不愿意为自己的同情心掏出 30 块钱。

这时，女孩就会把彩票收起来，转而拿出十包饼干，做出很可怜的样子，说："我这里还有十包饼干，只要两块钱，你愿意买吗？"通常情况下，人们立刻就会同意了。

小女孩运用的就是对比原理：一张 30 块钱的彩票相较于两块钱十包饼干，价格的高低和实惠程度立刻就有了鲜明的对比，人们很容易接受后者。

问答法则：有问有答，才是有效的沟通。

成功的沟通必须能让话题延续下去，进行持续深入的讨论，有着热烈的谈话气氛。如何才能实现？需要问和答相结合。缺乏技巧的沟通会造成"查户口"式的冷场，只有问，没有答。所以在抛出问题时要与员工产生互动，既要问，也要答，在有问有答中达到沟通的目的。

互动法则：没有互动，你就达不到目的。

所有的沟通都免不了互动，互动是沟通的第一原理。即使没有实质对话，双

< 225 >

方处于同一空间，在同一种团队氛围中，情感和信息的互动也在静悄悄地发生。当你与对方处于同一个空间时，行为和肢体也有它们自己的语言，在不停地互动。沟通时，有互动才有反馈，一定要避免不良的互动。

给予法则：先给予对方，再寻求交换。

先提供或展示你的价值（可以给予的东西），再看看能换回什么（对方的价值）。如果你要安排棘手的工作或者寻求与客户的合作，如何快速达到目的？首先应该表明能为对方带来的价值，而不是上来就说你想要什么。我见过许多人求职或有求于别人时，开口就问能给他多少薪水，有什么福利，工作环境怎样，能为他提供多少帮助，却闭口不谈自己能给公司贡献什么，能为别人做什么。

共情法则：不要对他人的痛苦如隔岸观火。

别人的痛苦，谁也不可能深有体会，也不可能真正理解，除非你亲身经历过。沟通时一定要最大限度地理解别人的处境，懂得怎样安慰对方。但你不能要求别人对自己也这么做。共情是对自己的要求，而不是对他人的要求。

马后炮法则：别犯事后诸葛亮的错误。

每个人都会犯错误。大家都不是圣人，你不是，我也不是。尽管事前你可能已经善意地提醒过他，但他仍然做错了，而且他自己也认识到了问题，那就不要再针对性地予以指责："我早就告诉过你。"这让你看起来是事后诸葛亮。除了让对方感到羞愧，并不会产生任何积极的作用。

救场法则：懂得为员工救场的技巧。

工作中，有时员工很尴尬。比如，会议中不知道要说什么，客户面前突然脑筋转不开。作为上司，你应该怎么办呢？不是冷眼旁观，也不是训斥，而是及时地为他救场。例如，主动问一下对方："你是不是要说……"这种提醒，既能表达你的善意和理解，也能够让对方感觉自己是备受重视的。一个懂得救场的上司往往普遍受到下属的拥戴。

边界法则：控制好沟通的边界，保持互相尊重。

所有良好、健康的关系一定有着一条清晰的边界。它划分了双方在这段关系中的义务和责任，控制着一段关系到底能够走多远。双方对于边界的认定和维护水平，则体现了你们是否具备处理好双方关系的能力，沟通也是如此。如果边界不清晰，双方又皆为控制型的人格，沟通中的冲突就会很多，互不理解，也互不相让。如果边界控制得好，就能互相尊重，妥善处理各种问题。

< 226 >

第三方法则：借助"第三方"力量打开沟通局面。

如果你正跟一个人谈话，却发现实在没有什么可说的，可以找一个彼此熟悉的"第三方"作为话题，打开沟通局面。也就是说，为你和他之间的话题主动加入第三方元素，调和气氛，避免冷场。比如："你听说了吗？客户某某新开了一家外贸公司，生意做得特别大，上了网络新闻。"然后，对方就能接过这个话题："真的吗？这对公司可是一次增加合作的机会。"如果顺利的话，你们便能展开话题，进行更加深入地沟通。

快乐法则：沟通时要创造快乐的氛围，所以要清除"垃圾人"。

大多数时候，我们要在沟通中获得愉悦的体验，让自己和对方感到快乐，从沟通中受益，而不是在对话中受气。但现实中有很多"垃圾人"，他们浑身充斥着负面情绪：抱怨、消极、悲观、焦虑、怨恨、不友好……自己遇到了一点儿问题，就好像全世界都在与他们作对，然后将怒气发泄到同事和朋友身上。他们就像行走的垃圾箱，迫切需要找个地方倒出去，将垃圾转移给其他人。你要么能迅速地躲开这类人，要么可以轻松地转移话题，创造积极乐观的氛围。总之，不要让"垃圾人"干扰自己，不要受到其他人负面情绪的传染。

批判法则：缺点总是问出来的，但批评要讲究方法。

第一，批评要有实际意义，不能因为看不惯他就随意地指摘，要对事不对人。第二，批评要尊重客观事实，不要捕风捉影，上纲上线，甚至无中生有，欲置对方于死地。第三，批评要诚恳，目的要纯净，是为了帮助他意识到并且改正错误，而不是为了批评而批评。第四，批评不要轻易使用概括性词语，即盖棺定论式的词汇，否定对方所有的优点，把他说得一无是处。比如："你已经无可救药""你从来就……""你总是……"这种用语易让人觉得你充满恶意，然后拒绝与你沟通。

感情法则：好的沟通基础是什么？首先是感情！

平时相处得和睦，有问题就好沟通。相处和睦，说明有了感情基础。生活中是这样，管理中也是如此。只有多表达你的情感，让话语充满温度，才能拉近双方的距离，化解对方的敌意。

表情法则：卓越的管理者也是表情大师，所以一定要善用你的表情。

你有没有发现，在今天的网络社交中，如果没有"表情包"的参与，我们已经很难准确地表达自己的真实想法？甚至在很多时候，非常华丽的文字比不上一

< 227 >

个简单的表情符号？这说明，脸上的表情比你说什么更能直接表达你的目的，传达你的意图。人是听觉动物，但更是视觉动物，善用表情，才能让你成为沟通高手。凡是卓越的管理者，他们也都是表情大师。

趣味法则：文字沟通一定要有趣味性。

在文字沟通中，如果不添加语气助词，很容易会让人误会自己的情绪，而一个趣味性的符号、用词却能声情并茂地表达出你此时此刻的心情、说话的语气、肢体动作等，让对方更好地理解你，愿意继续听下去。

关键词法则：运用关键词捕捉和传达信息。

当你与别人沟通时，为了更准确地捕捉对方传达的信息重点和精确地表达你的目的，可以重复对方话中的关键词，或者使用关键词来传达消息。技巧就在于把握员工的心理，知道他想了解的重点，看到对方想说什么，想听什么，然后有的放矢。

底线法则：别打探对方的隐私，这是最起码的底线。

许多人在沟通时有一个不好的习惯，喜欢打探别人（同事和朋友）的隐私。比如，薪水多少，房子买了没有，女朋友的家是哪里的，什么时候结婚，什么时候要孩子……这些话题看起来无伤大雅，实则容易招致对方的反感。碍于你的地位，他可能会告诉你，但却损害了你的形象和你们的关系。

破冰法则：和陌生人的沟通，要懂得"破冰"的技巧。

两个人刚认识时，由于初次接触，彼此除了姓名、外貌、工作单位等内容，其他信息可能是一无所知的。这时，双方对于彼此都是神秘的，沟通时也会小心翼翼，不冷不热。在交换完基本的社交资料后，第一阶段的任务其实很简单，就是进一步地了解对方，展开一场艰难的"破冰之旅"。这时，交谈的重心主要围绕双方的生活动态和兴趣爱好等方面，为后面的沟通打好基础。

共振法则：成功的沟通需要形成思想的共振。

在经过初期的简单了解之后，都对彼此的性格、行事作风、思维习惯、说话的风格等有了初步判断：这个人是否值得继续交往下去，可以发展到哪一步？他在我的团队中有没有发展空间？对公司的贡献大不大，成长性怎么样？对这些问题，相信你的心中已经有了结论。但要想深入地了解一个人，为了一个共同的目标努力，建立强大的信任，就得充分地对接双方的价值观，形成思想的共振。

保留法则：先仔细倾听，不要急于说出你的想法。

< 228 >

当有人向你讲述一些与你无关的事情时，你可以先保留自己的观点，而且，非常有必要保留自己的立场。先仔细听一听他到底要说什么，别急于摆明你的立场。等你听完了，考虑好了再开口。

"三分钟"法则：沟通时应该长话短说，一个问题不要超过三分钟。

主动表达的一方，要尽量将自己的阐述时间控制在三分钟以内。如果不是十分重要和紧急的事情，最好长话短说，简单地说，尽量少占用别人的时间，否则，对方就会失去耐心，不想再听下去。现在很多人明明一两句话就能讲清楚的问题，用十句、二十句也说不到点子上，东拉西扯，常令听者极不耐烦。沟通时必须长话短说，简洁直接，不要拖泥带水，给对方留下一个好印象。

尽情法则：让每个人都能说话，哪怕他们诽谤你。

在和团队成员沟通时，管理者要抛弃自己的"职位属性"（完全忘记自己的职位），允许每个人对你提出质疑和相反的意见，要让大家都能开口，也都敢开口。哪怕他们诽谤你，比如提出错误的意见和恶意地攻击你，也要让他们尽情地说完，充分地表达意见，你再有理有据地进行反驳。只有这样，团队良性互动的风气才能逐步培养起来。

好感法则：让员工喜欢你，是管理者的重要任务。

不管在什么情况下，下属对上司的反常行为（表现出厌恶、疏远等），都能或多或少地从管理者的身上找到原因。为了赢得员工的好感，管理者一定要有自责的勇气，多从自身查找问题。比如，反省一下自己在领导能力方面的强弱，管理方法是否得当，工作的安排是否合理，与员工的思想沟通是否经常，对员工的情况是否了解，是否对他有过误解而让他受了委屈等。

< 229 >